国家级职业教育规划教材
全国技工院校现代物流专业教材（中级技能层级）

物流运输基础与实务

（第三版）

人力资源社会保障部教材办公室组织编写
郎德琴　主编

中国劳动社会保障出版社

简　介

本书根据技工院校现代物流专业的教学实际，系统讲解了物流运输的基本知识与技能，主要内容包括物流运输概述、公路运输、铁路运输、水路运输、航空运输、集装箱运输、多式联运和物流运输信息管理系统。本书配有电子课件，可通过职业教育教学资源和数字学习中心（http://zyjy.class.com.cn）下载。

本书由郎德琴任主编，赵志华任副主编，王兆凯、韩丹参加编写。

图书在版编目(CIP)数据

物流运输基础与实务/郎德琴主编. --3 版. --北京：中国劳动社会保障出版社，2019
全国技工院校现代物流专业教材．中级技能层级
ISBN 978-7-5167-4087-3

Ⅰ.①物…　Ⅱ.①郎…　Ⅲ.①物流-货物运输-中等专业学校-教材　Ⅳ.①F252

中国版本图书馆 CIP 数据核字(2019)第 196280 号

中国劳动社会保障出版社出版发行
（北京市惠新东街 1 号　邮政编码：100029）

*

北京市艺辉印刷有限公司印刷装订　新华书店经销
787 毫米×1092 毫米　16 开本　11.25 印张　213 千字
2019 年 12 月第 3 版　2023 年 12 月第 4 次印刷
定价：22.00 元

营销中心电话：400-606-6496
出版社网址：http://www.class.com.cn
http://jg.class.com.cn

前言

全国中等职业技术学校物流专业教材出版于2006年，并于2013年进行了首次修订和补充。近年来，随着经济的发展和技术的更新，物流行业已经进入新的发展阶段，物流企业对从业人员的知识水平和职业能力提出了更高的要求。为了适应这些变化，培养更加符合物流企业需求的中级技能人才，我们组织了一批教学经验丰富、实践能力强的一线教师和行业、企业专家，在充分调研的基础上，对现有教材进行了新一轮修订和补充。

本次修订和补充的教材包括《现代物流基础（第二版）》《物流设施设备（第三版）》《物流成本管理基础（第三版）》《商品检验与包装（第三版）》《采购基础知识与技巧（第三版）》《物流运输基础与实务（第三版）》《仓储基础知识与技能（第三版）》《配送基础知识与实务（第二版）》《物流信息技术（第二版）》《物流客户服务》《货物养护作业实务》和《叉车作业实务》。

本次教材修订和补充工作的重点主要体现在以下几个方面：

第一，突出教材的实用性。本着“学以致用”的原则，新版教材的结构和内容根据物流企业的工作实际进行了调整和更新，对操作性较强的课程，教材在编写中采用任务驱动或理实一体化的模式，突出对学生实际操作能力的培养。

第二，突出教材的先进性。新版教材根据物流行业的现状和发展趋势，尽可能多地体现新知识、新技术、新方法、新设备，以期缩短学校教育与企业岗位需求的距离，同时，严格执行国家最新技术标准。

第三，突出教材的易用性。新版教材充分考虑学生的认知规律，注重利用图表、实物照片和案例辅助讲解知识点和技能点，部分教材还配有操作视频，学生扫描相应二维码即可观看，为学生营造生动、直观的学习环境，激发学生的学习兴趣。同时，新版教材还配有电子课件，便于教师开展教学工作，提高教学效率。

本套教材的编写得到了有关省市教育部门、人力资源社会保障部门和一批职业院校的大力支持，教材编审人员做了大量的工作，在此，我们表示诚挚的谢意！同时，恳切希望广大读者对教材提出宝贵的意见和建议。

人力资源社会保障部教材办公室

目录

第一章　物流运输概述

运输能有效、快速、及时地在不同地区之间进行物资的流通，是社会和经济正常发展的基本保障。

一、运输的概念

物流中所说的运输是指使用设备和工具将物品从一个地点向另一个地点运送的物流活动，包括集货、分配、搬运、中转、装入、卸下、分散等一系列操作活动，即运输在物流过程中承担改变物品空间状态的任务。

二、运输的功能

运输具有以下三个功能。

1. 物品转移功能

运输的主要功能就是实现物品在价值链中的来回移动。物品转移所采用的方式必须能满足客户有关交付履行和装运信息等方面的服务需求。无论物品是原材料、零部件、装配件、在制品还是制成品，不管是在制造过程中的物品从上一阶段被转移到下一阶段，还是制成品从制造地一步步到达最终客户所在地，运输都是必不可少的环节。

2. 物品储存功能

对物品进行临时存放是一个特殊的运输功能，即将运输工具作为物品的临时储存设施。如果物品在转移的过程中需要储存，而短时间内又将重新转移，那么该物品在仓库卸下来和再装上去的成本也许会超过储存在运输工具中的成本。特别是在起始地或目的地仓库的储存能力有限时，将运输工具临时作为储存设施是合情合理的。

3. 物品增值功能

物流依托于运输，运输成本和运输价值是物流成本和物流价值的重要部分。运输具有创造价值的功能，可以将物品运到效用最高的地方，实现资源的优化配置。

三、运输在物流中的地位

运输在物流系统中具有重要的地位，具体表现如下。

1. 运输是物流系统的构成基础

物流系统是一个网络结构系统，由物流据点（物流中心、配送中心或车站、码头）和运输线路构成。物品位置在物流据点间发生的位移，称为线路活动；其他物流活动是在物流据点内进行的，称为节点活动。无论直供物流网络还是中转物流网络，如果没有线路活动，网络节点将成为孤立的点，网络也就不存在，零售店或客户需要的物品也就无法得到。由此可见，运输在物流网络的构成中是一个重要的因素。

2. 运输是物流系统功能的核心

物流系统具有创造物品的时间效用、形质效用、空间效用的特性。时间效用主要通过仓储活动来实现，形质效用主要通过流通加工业务来实现，空间效用主要通过运输来实现。这三大效用即三大功能，是物流系统的主体功能，其他如装卸、搬运和信息处理等功能是从属功能。在主体功能中，运输功能的主导地位日益凸现，已经成为所有功能的核心。

3. 运输合理化是物流系统合理化的关键

物流系统合理化是指在各物流子系统合理化的基础上形成的最优物流系统总体功能，即系统以尽可能低的成本创造更多的时间效用、形质效用、空间效用。从物流承担的主体来说，就是以尽可能低的成本为客户提供更多优质的物流服务。运输是各功能的基础与核心，直接影响着其他物流子系统，只有做到运输合理化，物流系统的结构才能更加合理，总体功能才能更加优化。因此，运输合理化是物流系统合理化的关键。

四、运输与其他物流活动的关系

1. 运输与包装的关系

运输与包装活动是相互影响的，物品的包装程度、包装规格及尺寸都会影响运输方式和运输工具的选择。同样，物品的包装程度、包装规格应该充分地与所选择的运输方式和运输工具相吻合。

2. 运输与装卸搬运的关系

要想完成整个物流过程，运输活动必然伴随着装卸搬运活动。一般情况下，完成一次运输，必然伴随两次装卸搬运。装卸搬运的质量直接影响运输的质量，运输工具装载是否合理将直接影响运输过程的顺利程度。同样，装卸搬运是实现各种运输方式有效衔接的关键环节，特别是在多式联运的情况下，装卸搬运起着重要的作用，其效率直接影响整个运输过程的效率。

3. 运输与仓储的关系

运输对仓储有重要的影响，仓储是物品的暂时停止状态，最终的目的是将物品分拨到合适的地点，高效的运输分拨系统可以降低库存量、提高库存周转率等。同样，仓储活动是运输过程的调节手段，如集装箱船停靠在港口时，物品不可能立刻分拨到需求地点，需要利用仓储对运输进行调节，使集装箱船能够及时离开港口。

4. 运输与配送的关系

一般情况下，运输和配送这两个词经常放在一起使用，只有通过运输和配送后才能将物品送到终端客户手中，完成整个物流活动。要理解这一点，必须了解运输和配送的关系，简单来说，运输是两点之间的输送过程，而配送是指一点对多点的输送过程。

五、运输的主要方式

运输方式是物流运输赖以完成的手段和方法，主要分为公路运输、铁路运输、水路运输、航空运输等，见表 1—1。

表 1—1　　运输的主要方式

类型	图示	说明
公路运输		公路运输是指使用运输车辆在公路上进行物流运输的一种运输方式
铁路运输		铁路运输是指使用铁路列车进行物流运输的一种运输方式
水路运输		水路运输是指以船舶为主要运输工具、以港口或港站为运输基地、以水域（海洋、河湖等）为运输活动范围的一种运输方式
航空运输		航空运输是指使用飞机、直升机等航空器运送物品的一种运输方式

六、运输方式的选择

1. 影响运输方式选择的因素

影响运输方式选择的因素见表 1—2。

表 1—2　　影响运输方式选择的因素

影响因素	决定因素
物品种类	物品自身的性质
运输量	物品自身的性质和物流需要
运输距离	物品存放地点
运输时间	运输管理
运输成本	运输管理

货物运输的服务对象一般都是企业，它们对缩短运输时间、降低运输成本的要求越来越高，只有不断降低各项成本、加快货物周转，才能提高经营效率，取得竞争优势。

2. 选择运输方式的方法

（1）综合评价选择法

物流运输系统的目标是迅速、安全和低成本地运输物品。但是，运输的速度、准确性、安全性和经济性是相互制约的。若重视运输速度、准确性、安全性，则运输成本就会提高；反之，若运输成本降低，运输的其他目标也许就要相应降低。因此，在选择运输方式或运输工具时，应综合考虑运输的各种目标要求，采取定性分析与定量分析相结合的方式选择合理的运输方式或运输工具。综合评价选择法考虑运输方式的经济性（F_1）、迅速性（F_2）、安全性（F_3）和便利性（F_4）四个评价因素，并对这些评价因素赋予不同的权重，其中权重最大者为选择对象。各评价因素的具体内容见表 1—3。

一般来讲，可以结合物品本身的特征，尽可能吸收一线工作人员和有关专家的意见，确定各评价因素的权重。

表 1—3　　各评价因素的具体内容

评价因素	符号	具体内容	特点
经济性	F_1	由运费、包装费、保险费和运输手续费用的合计数来表示	费用越高，经济性就越差
迅速性	F_2	由发货地到收货地所需时间（天数）来表示	所需时间越长，迅速性越差

续表

评价因素	符号	具体内容	特点
安全性	F_3	由某一段时间货物的破损率来表示	破损率越高，安全性越差
便利性	F_4	可采用代办运输点的经办时间与运到代办点的运输时间之差来表示	时间差越大，便利性越好

（2）成本费用分析选择法

运输费用是承运单位向客户提供运输服务所产生的费用，即运价，由运输成本、税金和利润构成。运输费用占物流费用比重最大，是影响物流费用的重要因素。为了以最快的运输速度、最少的运输费用实现物资流转，必须对所选择的运输方式进行成本费用分析，这就要求掌握各种运输方式的成本内容及运价计算方法。

1）运价的分类。运价按适用的范围不同，可划分为普通运价、特定运价、地方运价、国际联运运价；按货物发送批量、使用的容器不同，可分为整车（批）运价、零担运价、集装箱运价；按计算方式不同，可划分为分段里程运价、单一里程运价、航线里程运价。

2）运价的定价规则。不同的定价规则对不同运输方式的运费计算都做了具体规定，主要内容要有货物运价分号表、货物运价率表、货物装卸费率表，以及有关问题的说明等。

货物运价分号表就是将拟采用同一运价率的各种货物、品名划归为一个运价号，划分的数量不能太多，也不宜太少。货物运价率表是在运价基数、运价率的基础上，按照运输距离递增递减率求出各区段的递差率，然后计算各运价号、各里程区段的每吨货物运价率而编制成的。我国的运价率表根据运输方式的不同而有所不同，铁路分整车和零担两种运价率表；水路分沿海、北方、闽浙、华南沿海四种运价率表；长江分干线、下游、上游三种运价率表；公路没有区段，也没有运价等级，只分整车和零担。

3）运输方式的确定。通过对运输成本与费用的分析，对同一批货物应计算其铁路、公路、水运和航空的成本费用，然后根据运输时间、运输条件、货物特征选择合理的运输方式。如果是自营运输，还应加强对各种自有运输工具和运输设施的合理运用，提高自有运输工具和运输设施的利用率，尽可能加快物流速度，提高运输量，从而使单位货物分摊的固定资产折旧减少。

思考练习题

1. 运输在物流系统中的地位如何？结合现实生活中的例子进行说明。
2. 现代运输方式主要有哪几种？选择运输方式受哪些条件的制约？
3. 影响运输方式选择的因素有哪些？
4. 运输活动包括哪些主要的业务环节？

第二章　公路运输

第一节　公路运输概述

公路运输以其活动的广泛性和灵活性深入到社会经济生活的各个方面，将各种运输方式连接成网，形成一个分工合作、协调发展的综合运输体系，充分发挥了运输业在经济和社会发展中的重要作用。

一、公路运输的特点

1. 公路运输的优点

（1）机动灵活，适应性强

公路运输网络密度大，分布面广泛，可以根据客户需求灵活制定运营时间表，随时提供运输服务，服务的弹性较大。同时，公路运输还能根据不同客户需求提供个性化服务，最大限度满足不同性质的货物运输。

（2）可实现门到门的直达运输

公路运输工具体积较小，运输途中一般不需换装，除了可沿分布较广的公路网运行外，还可离开路网深入到工厂企业、农村田间、城市居民住宅等地，即可以把货物从始发地门口直接运送到目的地门口，实现门到门的直达运输，而且货损、货差相对较少。

（3）在中短途运输中，公路运输速度较快

在中短途运输中，公路运输可以实现门到门的直达运输，中途不需要倒运转乘就可以直接将货物运达目的地，与其他运输方式相比，货物在途时间较短，运输速度较快。

（4）原始投资少，资金周转快

与其他运输方式相比，公路运输所需的固定资产简单，车辆购置费用一般较低，因此，投资兴办容易，投资回收期短。

（5）驾驶技术容易掌握

公路运输车辆驾驶技术简单，驾驶员一般只需几个月的时间进行培训，合格后即可上岗，而其他运输工具的驾驶员则需要较长的时间进行培训。

2. 公路运输的缺点

（1）运量较小，运输成本较高

公路运输的运量受运输工具装载量限制，同时公路运输消耗的燃料如汽油、柴油价格较高，因此，在常见运输方式中，公路运输的成本仅次于航空运输。

（2）运行持续性较差

在各种运输方式中，公路运输的平均运距是最短的，而且运行持续性较差。

（3）安全性较低，环境污染较严重

与其他运输方式相比，公路运输安全性较低，易发生交通事故，运输车辆产生的尾气和噪声易对环境造成污染。

二、公路运输的分类

1. 按托运批量大小分类

按托运批量大小不同，公路运输可分为整车运输、零担运输、集装箱运输和包车运输，见表2—1。

表2—1　公路运输按托运批量大小分类

类别	说明
整车运输	托运方一次托运货物重量在3 t及以上，或虽不足3 t，但其性质、体积、形状需要一辆载重量3 t以上的汽车，称为整车运输
零担运输	托运方一次托运货物不足3 t的，称为零担运输
集装箱运输	将适箱货物集中装入标准化集装箱，采用现代化手段进行的货物运输称为集装箱运输
包车运输	包车运输是指应托运人的要求，双方签订协议，车辆所有人把车辆包给托运人安排使用，并按时间或里程计算运费的业务

2. 按运送距离分类

按运送距离不同，公路运输可分为长途运输和短途运输，见表 2—2。

表 2—2　　公路运输按运送距离分类

运输方式	说明
长途运输	运距 25 km 以上为长途运输
短途运输	运距 25 km 及 25 km 以下为短途运输

3. 按货物的性质及对运输条件的要求分类

按货物的性质及对运输条件的要求不同，公路运输可分为普通货物运输和特种货物运输，见表 2—3。

表 2—3　　公路运输按货物的性质及对运输条件的要求分类

运输方式	说明
普通货物运输	被运输的货物本身性质普通，在装卸、运送、保管过程中没有特殊要求。普通货物分为一等、二等、三等三个等级
特种货物运输	被运输的货物本身性质特殊，在装卸、运送、保管过程中需要特定条件和特殊设备，保证其完整无损

4. 按货物运送速度分类

按货物运送速度不同，公路运输可分为一般货物运输、快件货物运输和特快专运，见表 2—4。

表 2—4　　公路运输按货物运送速度分类

运输方式	说明
一般货物运输	用普通速度运输货物，也称慢运
快件货物运输	快件货物运送的速度从货物运输受理当日 15：00 起算，运距在 300 km 内 24 h 运达，运距在 1 000 km 内 48 h 运达，运距在 2 000 km 内 72 h 运达
特快专运	按托运人要求在约定时间内运达

5. 按组织特征分类

按组织特征不同，公路运输可分为集装化运输和联合运输，见表 2—5。

表 2—5　　公路运输按组织特征分类

运输方式	说明
集装化运输	集装单元作为运输的单位，货物在整个运输过程中不易损失，而且便于使用机械装卸、搬运，最主要的形式是托盘运输和集装箱运输
联合运输	两个或两个以上的运输企业根据同一运输计划，遵守共同的联运规章或协议，使用共同的运输票据或通过代办业务组织两种或两种以上的运输工具相互接力，联合实现货物的全程运输

三、公路运输车辆与设施

1. 公路运输车辆

（1）货运汽车规格和货物尺寸

为了规范货运汽车制造和货运汽车市场，国家制定了有关标准，规定了货运汽车的载货空间和运输包装件的最大外廓尺寸，见表 2—6。

表 2—6　　公路运输主要货车车厢尺寸范围　　mm

车型	长度	宽度	承载面高度
中型货车	3 540～7 950	2 205～2 490	1 200～1 425
重型货车	4 900～8 100	2 250～2 500	1 320～1 419
厢式货车	3 750～7 300	1 920～2 490	—
挂车	3 800～12 160	2 100～2 500	1 100～1 400
厢式挂车	6 900～12 142	2 200～2 490	—

公路运输包装件通用尺寸长、宽、高分别小于 3 540 mm、1 600 mm、1 650 mm。运输包装件允许尺寸长、宽分别为 12 160 mm、2 500 mm。装车后运输包装件最高离地不得超过 4 000 mm。货物尺寸超过此界限时，应作为特殊包装件运输。根据不同的货车车型，其运输包装件的长、宽、高应分别小于该车型车厢的最大长、宽、高（厢式车的高和宽取厢门的高和宽）。

（2）公路运输车辆的类型

公路运输车辆的具体规格在行业之间变化很大，车身类型有以下几种：

1）平板车。最简单、最便宜的车身类型是平板台车或平板车。它可以从各个方向装卸货物，车辆的利用率较高，但对货物的保护性能较差，如图 2—1 所示。

图 2—1　平板车

2）厢式货车。厢式货车的厢体结构根据隔热、防水和强度等要求进行设计，可防止货物散失、盗失等，同时给易受损的货物提供了保护，但由于自身较重，车辆的有效载荷降低，如图 2—2 所示。

图 2—2　厢式货车

3）集装箱车。集装箱车的特点是车厢与主车可分开完成装载作业，装卸效率非常高，是现代运输的发展方向，如图 2—3 所示。

4）牵引杆拖车。牵引杆拖车有很多优势，如图 2—4 所示，通常配置一个单卡车和一个牵引杆拖车厢。当卡车运货时，拖车厢可以卸下来，以提高车辆的利用率。

图 2—3 集装箱车

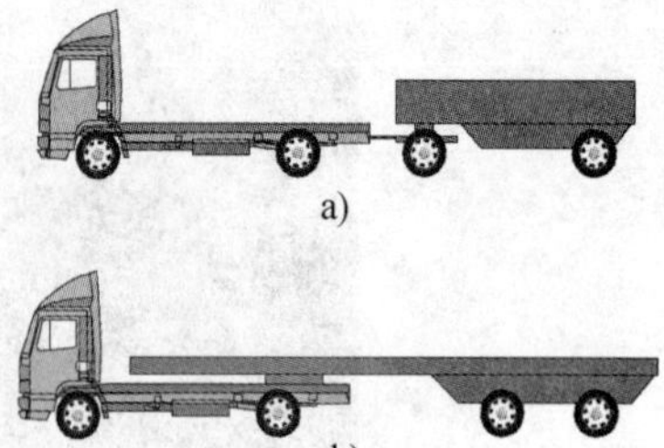

图 2—4 牵引杆拖车

a）全挂车 b）半挂车

2. 公路运输设施

（1）公路

我国将公路划分为高速公路、一级公路、二级公路、三级公路和四级公路五个等级，见表 2—7。

表 2—7 **我国的公路等级**

公路等级	使用性质和任务	车道数	年平均昼夜交通量
高速公路	具有特别重要的政治、经济意义，专供汽车分道行驶，全部控制出入	4 车道以上	25 000 辆以上
一级公路	连接重要政治、经济中心，通往重点工矿区，可供汽车分道行驶，部分控制出入	4 车道	15 000～30 000 辆
二级公路	连接政治、经济中心或大型工矿区的干线公路或运输任务繁忙的城郊公路	2 车道	3 000～7 500 辆
三级公路	沟通县及县以上城镇的一般干线公路	2 车道	1 000～4 000 辆
四级公路	沟通县、乡、村等的支线公路	2 车道以下	双车道 1 500 辆以下，单车道 200 辆以下

（2）货运站

货运站的主要功能包括货物的组织与承运、中转货物的保管、货物的装卸与交付，以及运输车辆的停放与维修等，如图 2—5 所示。常见的货运站包括道路综合货运站（场）、零担货运站、集装箱道路中转站、道路货运交易市场、货运停车场和货运配载中心等。

图 2—5　货运站

四、公路运输的流程

公路运输业务流程主要包括提出托运、派车装货、运送途中管理、运输统计与结算等内容，如图 2—6 所示。

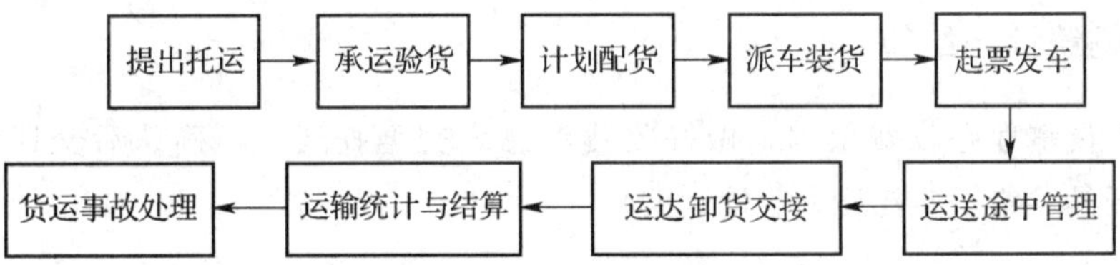

图 2—6　公路运输业务流程

1. 提出托运

托运人备齐货物后，向承运人提交托运单，办理托运业务。

2. 承运验货

运输企业托运单审核人员对单据内容进行审核和认定，库管验收人员照单验收货物，定价人员现场确定收费信息。

3. 计划配货

调度人员编制车辆运行作业计划并发布调度命令。

4. 派车装货

驾驶员和货运员按时到达托运人提货仓库，办理提货手续，装载货物并填写装车记录。

5. 起票发车

驾驶员驾驶载货车辆运输货物前往目的地。

6. 运送途中管理

驾驶员及时反馈途中信息，并与收货人电话联系运输情况。始发站信息员填写跟踪记录，有异常情况及时与客户联系。

7. 运达卸货交接

货物按时、准确到达指定卸货地点，驾驶员与收货人卸货，填写交接记录，交付货物后，收货人在货票的第四联签收。

8. 运输统计与结算

工作人员整理好收费票据，做好收费汇总表交至托运人，确认后交回结算中心，结算中心开具发票，向托运人收取运费。

9. 货运事故处理

货物运输过程中若发生事故，托运人需与承运人按照合同约定或协商处理事故的赔付事宜。

第二节　公路运输单据与合同

一、公路货物运单的概念

公路货物运单是运输企业接受货物并在运输期间负责保管和据以交付的凭据，也是记录车辆运行和行业统计的原始凭证，属于一次性货运合同，必须经运输企业审核并由双方签章后才具有法律效力，见表 2—8。

表 2—8　　　　公路货物运单

承运人：　　　　经办人：　　　　电话：　　　　地址：　　　　运单编号：

<table>
<tr><td colspan="2">托运人：</td><td colspan="2">联系人：</td><td colspan="2">电话：</td><td colspan="4">装货地点：</td><td rowspan="2">约定起运时间</td><td rowspan="2"></td></tr>
<tr><td colspan="2">收货人：</td><td colspan="2">联系人：</td><td colspan="2">电话：</td><td colspan="4">卸货地点：</td></tr>
<tr><td>付款人</td><td></td><td>地址</td><td colspan="2"></td><td>电话</td><td></td><td>约定到达时间</td><td colspan="2"></td><td>需要车种</td><td></td></tr>
<tr><td rowspan="2">货物名称及规格</td><td rowspan="2">包装形式</td><td rowspan="2">件数</td><td rowspan="2">长×宽×高（cm×cm×cm）</td><td rowspan="2">件重（kg）</td><td rowspan="2">重量（t）</td><td rowspan="2">货物价值</td><td rowspan="2">货物等级</td><td colspan="4">计费项目</td></tr>
<tr><td>项目</td><td>里程（km）</td><td>单价（元）</td><td>金额（元）</td></tr>
<tr><td></td><td></td><td></td><td></td><td></td><td></td><td></td><td></td><td>运费</td><td></td><td></td><td></td></tr>
<tr><td></td><td></td><td></td><td></td><td></td><td></td><td></td><td></td><td>装卸费</td><td></td><td></td><td></td></tr>
<tr><td></td><td></td><td></td><td></td><td></td><td></td><td></td><td></td><td>单程空驶损失费</td><td></td><td></td><td></td></tr>
<tr><td></td><td></td><td></td><td></td><td></td><td></td><td></td><td></td><td>保险费</td><td></td><td></td><td></td></tr>
<tr><td colspan="3">合计</td><td colspan="9">万　仟　佰　拾　元</td></tr>
<tr><td colspan="2">托运人记载事项</td><td></td><td>付款人银行账号</td><td colspan="2"></td><td>承运人记载事项</td><td></td><td colspan="2">承运人银行账号</td><td colspan="2"></td></tr>
<tr><td colspan="2">注意事项</td><td colspan="4">1. 货物名称应填写具体品名，如货物品名过多，不能在托运单内逐一填写，必须另附货物清单
2. 保险或保价货物在相应价格栏中填写货物声明价格</td><td colspan="3">托运人签章

年　月　日</td><td colspan="3">承运人签章

年　月　日</td></tr>
</table>

说明：

1. 填在一张货物运单内的货物必须属于同一托运人。对于拼装分卸的货物，应将拼装或分卸情况在运单记事栏内注明。易腐蚀、易碎货物，易溢漏的液体，危险货物与普通货物，以及性质相抵触、运输条件不同的货物，不得用同一张运单托运。托运人、承运人修改运单时须签字盖章。

2. 本托运单一式两联：第一联为受理存根，第二联为托运回执。

二、公路货物运单的分类

公路货物运单分为甲、乙、丙三种。甲种运单适用于普通货物、大件货物、危险货物等运输业务，乙种运单适用于集装箱汽车运输业务，丙种运单适用于零担货物运输业务。三种运单各联次的相关内容见表 2—9。

表 2—9　　公路货物运单各联次的相关内容

联次＼类别	甲、乙	丙
第一联	存根，作为领购新运单和行业统计的凭证	存根，作为领购新运单和行业统计的凭证
第二联	托运人存查联，交托运人存查并作为运输合同由当事人一方保存	托运人存查联，交托运人存查并作为运输合同由当事人一方保存
第三联	承运人存查联，交承运人存查并作为运输合同由当事人另一方保存	提货联，由托运人邮寄给收货人，凭此联提货，也可由托运人委托运输代理人通知收货人或直接送货上门，收货人在提货联收货人签章处签字盖章，收（提）货后由到达站收回
第四联	随货同行联，作为载货通行和核算运杂费的凭证，货物运达、经收货人签收后，作为交付货物的依据	运输代理人存查联，交运输代理人存查并由运输合同当事人另一方保存
第五联	—	随货同行联，作为载货通行和核算运杂费的凭证，货物运达、经货运站签收后，作为交付货物的依据

三、公路货物运单的使用

一般情况下，办理货物托运手续要求托运人填写运单。目前行业通行的做法是由承运人负责提供格式化的运单。在许多情况下，承运人与临时、短期的客户是不签订运输合同的，运单往往就是合同。

根据运单，托运人负责按时将准备好的货物提交给承运人，并按规定的方式支付运费，承运人则应负责及时派车将货物安全运送到托运人指定的卸货地点交给收货人。

公路货物运单一般由承运人提供，不同的运输企业有各自不同的运单格式。但一般都要包括装卸货地点和时间、货物名称与规格、货物大小（体积或重量）、运输时间、运输费用、具体运输要求等相关项目。承运人或运输代理人接收货物后应签发公路货物运单，公路货物运单经承托双方签章后有效。

四、填制公路货物运单的注意事项

1. 内容准确完整，字迹清楚，不得涂改。如有涂改，应由托运人在涂改处盖章证明。

2. 托运人、收货人的姓名和地址应填写全称，起运地、到达地应详细注明所属行政区。

3. 货物的名称、包装、件数、体积、重量应填写齐全。

4. 托运人要求自行装卸车的，经承运人确认后，须在运单内注明。

5. 凡不属于同品名、同规格、同包装的货物以及搬家货物，在一张货物运单上不能逐一填写时，可填写公路运输货物清单，见表 2—10。

表 2—10　　公路运输货物清单

装货日期：

起运地点：　　运单号：

装货人姓名：　　封志号：

编号	货物名称及规格	包装形式	件数	长×宽×高 （cm×cm×cm）	重量 （kg）	保险、保价 价格（元）
1						
2						
3						
4						
5						
6						
7						
8						
备注：						

托运人：（签章）　　承运人：（签章）

年　月　日　　年　月　日

五、公路运输合同

1. 公路运输合同的内容

公路运输合同是由承托双方签订，用于明确双方权利义务关系和确保货物有效位移，具有法律约束力的合同文件。它明确了合同的当事人主体双方是承运人和托运人，双方是对等关系，承运人提供运输服务并且收取费用。公路运输合同的主要内容包括以下方面：托运人的姓名和地址、收货人的姓名和地址、承运人的姓名和地址、运单签发的日期和地点、货物接管的地点、运达日期及指定的交货地点；货物的品名和包装方法，如属于危险货物，应说明其基本性质；货物的件数、特征标志、重量（毛重或者净重）、体积、价值；运杂费计算标准及结算方式、货物保险的办理及支付方式、运输起止期限、违约责任及赔偿方式，合同终止、变更及解除的期限，以及双方商定的其他条款。

如果托运人还有其他要求，也应该在公路运输合同中予以注明。另外，还有几点需要说明，见表 2—11。

表 2—11　　公路运输合同的其他有关说明

说明项目	具体内容
运输费用	计算运输费用应该首先确定所运货物等级和计费重量；其次是核查货物的运价及费率；然后是计算计费里程；最后是核算其他杂费，包括装卸费、保管费、延滞费、过路费、过桥费等
货物的保险	一般来说，承运人不需要为托运人投保，货物保险是托运人负责的，但托运人可以委托承运人代为投保，产生的保险费用由托运人承担。关于货物的保险说明应该写入合同
合同的终止与变更	在承运人未将货物送交收货人之前，托运人可以要求承运人终止运输、返还货物、变更到达地或者收货人，但应当赔偿承运人的实际损失。如果出现特殊情况，可以允许变更或解除合同
交货	收货人收到货物时应向承运人出具收货证明书，以证明货物确实收到，承运人则应把收货证明书送交托运人，证明合同已经履行

2. 公路运输合同双方的义务

合同签订后，承托双方应按照合同规定履行各自的义务。

（1）托运人的义务

1）货物交运时，托运人应按合同向承运人支付运费。

2）托运人应及时发货、收货。

3）托运人负责装卸时，应按约定时间装卸。

4）货物包装必须符合有关规定要求，保障运输安全。

5）托运人托运超限货物，应事先向承运人提供货物说明书。需对车厢进行特殊加固时，托运人应负担所需费用。

6）托运人违反合同时须按规定向承运人支付违约金，造成损失时应予赔偿。

（2）承运人的义务

1）承运人在具备承运条件时不得拒绝承运。

2）承运人应按合同规定的期限、数量、起止点完成运送任务。

3）承运人负责装卸时，应严格遵守作业规程和标准，保证装卸质量。

4）承运人应对运输的货物全过程负责，并妥善保管。

5）承运人装运鲜活产品等有特殊要求的货物时，应承担专门约定的义务。

6）承运人违反合同时应向托运人支付违约金，造成损失时应予以赔偿。

3. 公路运输合同变更或解除的条件

（1）由于不可抗力致使合同无法继续履行的。

（2）由于合同当事人一方的原因，在合同约定的期限内确实无法履行合同的。

（3）合同当事人违约，使合同的履行成为不可能或者不必要的。

（4）经合同当事人双方协商同意解除或变更合同的。

公路货物运输合同样本

合同编号：____________________

托运人（以下简称甲方）：__________________　合同签订地点：________________

承运人（以下简称乙方）：__________________　合同签订时间：______年____月____日

甲、乙双方就乙方为甲方货物提供公路运输服务事宜，经友好协商达成如下一致协议：

第一条　承运货物、起止地点和时间

1. 托运的主要货物为：__________________。

货物的包装：甲方确保货物采用符合国家规定的标准包装。没有国家或行业标准的，由双方根据保证运输安全原则协商包装标准和包装方式，并在货物运单上注明。

货物的属性：________。

2. 货物的起运地点：__________________。

3. 货物的到达地点：__________________。

4. 货物的到达时间：自装车之日起________日内到达指定交货地点。

5. 甲方托运的其他货物及服务内容，应以货物运单或补充协议说明。

第二条　操作流程

1. 甲方发出运输指令。

2. 乙方回复认可书。

3. 甲方装货。

4. 双方验货签收，货物数量以甲、乙双方共同清点确认的数量为准。

5. 发往目的地交货。

6. 收货单位验签。

7. 验收后取回单。

8. 将回单交回甲方。

9. 甲方支付运费。

第三条　甲方义务和责任

1. 甲方保证所托运的货物不属于国家违禁品。

2. 甲方负责对乙方有关责任人和操作人员进行必要的运输要求培训。

3. 因甲方交代不清而无法抵达目的地或联系不到收货人所造成的损失由甲方负责。

4. 甲方保证按合同要求在乙方向甲方提交相关单据时及时结算运费给乙方。

第四条　乙方责任

1. 乙方接受甲方的委托，为其提供货物运输服务，乙方应及时操作转运货物，安全、准时、准确地将货物运至甲方指定的目的地并派送到门。

2. 乙方工作人员（驾驶员、押运人员）把货物送达目的地后，若收货方对货物有任何意见，严禁与收货人争执，而应立即与乙方负责人联系，并将事件及时报知甲方。

3. 乙方必须严格按照本合同第一条所列运输时间执行，若因特殊情况，货物没有按预订时间到达时，乙方应及时与甲方取得联系，并进行处理。若甲方调查中发现有不符合实际的情况，有权做出处罚。

4. 乙方在承运过程中发生的货物被盗、丢失、淋湿、破损、交货不清等，应由乙方负责。

5. 由于自然灾害或交通事故造成货物无法准时送达时，乙方必须及时通知甲方，由双方共同协商解决，若由于未及时通知甲方而造成货物延期到达，造成甲方损失的，应由乙方负责赔偿。

6. 甲方若委托乙方代办货物运输保险，乙方应配合甲方办理保险。

第五条　费用及结算方式

1. 费用结算标准为：________________。

2. 费用结算方法为：每月5日前结算上月发生的运输费用，乙方需交付运输发票、货物托运单、产品出库单等有效作业凭证及结算汇总表，经甲方审核无误后在________个工作日内向乙方支付运费，如遇节假日则时间顺延。如有扣除的款项，应在运费中扣除。

第六条　违约责任

1. 因甲方提供资料不齐全而导致货物无法送达或者延误送达，损失由甲方负责。乙方在运输过程中如果发现甲方所提供的收货人联系电话、地址有误，必须及时与甲方联系寻求解决办法，否则损失由乙方负责。

2. 乙方运输货物到达地点错误或交付收货人有误时，必须无偿将货物运到指定地点或交付指定收货人，由此造成货物延期送达的，按甲方所受实际损失予以赔偿。如果造成货物误收而丢失，乙方应照价赔偿。

3. 由于乙方的过失造成货物延期到达，超过双方约定的时间（且没有取得甲方的认可），每次乙方需支付给甲方该次运费总额10%的违约金。由于不可抗力造成乙方交货延误，影响合同执行时，乙方应及时通知甲方并采取措施防止事件扩大，双方协商后可适当放宽到货时间。

4. 乙方出现本合同第六条第2款、第3款情形时，甲方有权解除合同，但须提前一个月通知乙方，合同终止后，双方在一个月内结清所有运费。

第七条　其他规定

1. 本合同未尽事宜，双方可签订补充协议。

2. 合同在履行中发生纠纷，双方应及时协商解决，协商不成的，按下列第________种方式解决：

（1）提交________仲裁委员会仲裁。

（2）依法向________人民法院起诉。

3. 本合同有效期为________年____月____日至________年____月____日。

4. 本合同自双方签字盖章之日起生效。

5. 本合同一式二份，甲、乙双方各持一份，具有同等法律效力。

甲方：　　　　　　　　　　　　　　　　　乙方：

代表人：　　　　　　　　　　　　　　　　代表人：

年　月　日　　　　　　　　　　　　　　　年　月　日

第三节　公路运输费用核算

一、公路货物运价

1. 基本运价

（1）整批货物基本运价

整批货物基本运价是指整批普通货物在等级公路上运输的每吨千米运价。

（2）零担货物基本运价

零担货物基本运价是指零担普通货物在等级公路上运输的每千克千米运价。

（3）集装箱基本运价

集装箱基本运价是指各类标准集装箱重箱在等级公路上运输的每箱千米运价。

2. 吨（箱）次费

(1) 吨次费

整批货物运输时，在计算运价费用的同时按货物重量加收吨次费。

(2) 箱次费

集装箱运输时，在计算运价费用的同时按不同箱型加收箱次费。

3. 普通货物运价

普通货物分为三等（见表 2—12），实行分等计价，以一等货物为基础，二等货物加成 15%，三等货物加成 30%。

表 2—12　　普通货物分类

货物等级	举例
一等货物	砂石、渣土等
二等货物	日用百货等
三等货物	蔬菜、农产品、水产品等

4. 特种货物运价

(1) 大型特型笨重货物运价

1) 一级大型特型笨重货物运价在整批货物基本运价的基础上加成 40%～60%。

2) 二级大型特型笨重货物运价在整批货物基本运价的基础上加成 60%～80%。

(2) 危险货物运价

1) 一级危险货物运价在整批（零担）货物基本运价的基础上加成 60%～80%。

2) 二级危险货物运价在整批（零担）货物基本运价的基础上加成 40%～60%。

(3) 鲜活货物运价

鲜活货物运价在整批（零担）货物基本运价的基础上加成 40%～60%。

5. 特种车辆运价

特种车辆运价应按车辆的不同用途，在基本运价的基础上加成计算。特种车辆运价和特种货物运价两个价目不准同时加成使用。

6. 非等级公路货运运价

非等级公路货运运价在整批（零担）货物基本运价的基础上加成 10%～20%。

7. 快速货运运价

快速货运运价按计价类别在相应运价的基础上加成计算。

8. 集装箱运价

（1）标准集装箱运价

重箱运价按照不同规格箱型的基本运价执行，空箱运价在标准集装箱重箱运价的基础上减成计算。

（2）非标准集装箱运价

重箱运价按照不同规格的箱型在标准集装箱基本运价的基础上加成计算，空箱运价在非标准集装箱重箱运价的基础上减成计算。

（3）特种集装箱运价

特种集装箱运价在箱型基本运价的基础上按装载不同特种货物的加成幅度计算。

二、公路运费的计价标准

1. 计费重量

（1）计量单位

1）整批货物运输以吨为单位。

2）零担货物运输以千克为单位。

3）集装箱运输以箱为单位。

（2）计费重量确定

1）一般货物。整批、零担货物的计费重量均按毛重（含货物包装、衬垫及运输需要的附属物品等）计算。货物计费重量一般以起运地过磅重量为准。起运地不能或不便过磅的货物由承托双方协商确定计费重量。

2）轻泡货物。整批轻泡货物的计费重量按车辆标记吨位计算。零担运输轻泡货物以货物包装最长、最宽、最高部位尺寸计算体积，按每立方米折合 333 kg 计算其计费重量。

3）包车运输的货物。包车运输的货物按车辆的标记吨位计算其计费重量。

4）散装货物。砖、瓦、砂、石、土、矿石、木材等散装货物按体积根据各省、自治区、直辖市统一规定的重量换算标准计算其计费重量。

5）托运人自理装车的货物。托运人自理装车的货物按车辆额定吨位计算其计费重量。

6）统一规格的成包成件货物。统一规格的成包成件货物根据某一标准件的重量计算全部货物的计费重量。

7）接运其他运输方式的货物。无过磅条件时，接运其他运输方式的货物运价按前程运输方式运单上记载的重量计算其计费重量。

8）拼装分卸的货物。拼装分卸的货物按最重装载量计算其计费重量。

2. 计费里程

计费里程按装货地点至卸货地点的实际营运里程计算，以省、自治区、直辖市交通行政主管部门核定的营运里程为准，未经核定的营运里程由承托双方商定计费里程。

需要注意的是，同一运输区间有两条（含两条）以上营运路线可供行驶时，应按最短路线或承托双方商定路线计算计费里程。拼装分卸货物的计费里程为从第一装货地点起至最后一个卸货地点止的载重里程。因自然灾害造成道路中断，车辆需绕道行驶的，计费里程按实际行驶里程计算。

3. 计时包车货运计费时间

（1）计时包车货运计费时间以小时为单位，使用时间不超过 4 h（含），按 4 h 计算；超过 4 h，按实际包用时间计算。

（2）整日包车每日按 8 h 计算，使用时间超过 8 h 按实际使用时间计算。

（3）时间尾数不足半小时的舍去，达到半小时的进整为 1 h。

4. 运价的单位

各种公路货物运输的运价单位分别为：

（1）整批运输的运价单位是元/（t·km）。

（2）零担运输的运价单位是元/（kg·km）。

（3）集装箱运输的运价单位是元/（箱·km）。

（4）包车运输的运价单位是元/（吨位·h）。

三、公路运输的其他费用

公路运输的其他费用包括调车费、延滞费、装货（箱）落空损失费、排障费、车辆处置费、检验费、装卸费、通行费等，由承托双方商定是否收取。

1. 调车费

应托运人要求，车辆调出所在地产生的往返空驶费用，应计收调车费。

2. 延滞费

车辆按约定时间到达约定的装货或卸货地点，因托运人或收货人责任造成车辆和装卸延滞，应计收延滞费。

3. 装货（箱）落空损失费

应托运人要求，车辆开至约定地点装货（箱）落空造成的往返空驶里程，按其运价的50%计收装货（箱）落空损失费。

4. 排障费

运输大型特型笨重货物时，因对运输路线的桥涵、道路及其他设施进行必要的加固或改造所发生的费用，由托运人负担。

5. 车辆处置费

应托运人要求，运输特种货物、非标准箱等需要对车辆进行改装、拆卸和清理所发生的工料费用，由托运人负担。

6. 检验费

在运输过程中，国家有关检验检疫部门对车辆进行检验检疫所收取的费用，以及因检验检疫造成的车辆停运损失，由托运人负担。

7. 装卸费

货物装卸作业产生的费用由托运人负担。

8. 通行费

货物运输需支付的过渡、过路、过桥、过隧道等通行费由托运人负担，承运人代收代付。

四、公路运费计算公式

1. 整批货物运费的计算公式

整批货物运费＝吨次费×计费重量＋整批货物运价×计费重量×计费里程＋货物运输其他费用

2. 零担货物运费的计算公式

零担货物运费＝计费重量×计费里程×零担货物运价＋货物运输其他费用

3. 集装箱运费的计算公式

重（空）集装箱运费＝重（空）箱运价×计费箱数×计费里程＋箱次费×计费箱数＋货物运输其他费用

4. 计时包车运费的计算公式

计时包车运费＝包车运价×包用车辆吨位×计费时间＋货物运输其他费用

其中，包车运价按照包用车辆的不同类别分别制定。

五、公路运费规定

结算公路货物运费时，应遵守如下规定：

1. 货物运费应在托运、起运时一次结清，也可按合同采用预付方式随运随结或运后结清。托运人或者收货人不支付运费、保管费以及其他运输费用的，承运人对相应的运输货物享有留置权，但当事人另有约定的除外。

2. 运费尾数以元为单位，不足 1 元时四舍五入。

3. 货物在运输过程中因不可抗力灭失，未收取运费的，承运人不得要求托运人支付运费；已收取运费的，托运人可以要求承运人返还。

【例题】现有一批纸箱包装的品牌空调从上海发往北京，数量共计 50 台，每台空调体积为 0.5 m^3，毛重为 0.15 t，外包装纸箱长×宽×高的规格为 1.25 m×0.8 m×0.5 m，要求不加收吨次费，试计算这批货物的公路运费。

答：

1. 确定货物等级

查阅《公路普通货物运价分等表》和《公路特种货物运价分等表》，确定是普通货物还是特种货物，以及相应的等级。经查，空调属于普通货物中的三等货物，交电器材中的家用电器类货物。

2. 确定货物计费重量

根据已知数据，每台空调的体积为 0.5 m^3（1.25 m×0.8 m×0.5 m），毛重为 0.15 t，那么该批货物的总体积为 25 m^3（0.5 m^3×50），总重量为 7.5 t（0.15 t×50），每立方米重量为 0.3 t（300 kg），不足 333 kg 的标准，因此本批空调按照轻泡货物计算运费，即该批货物按照体积计算运价，计费重量为 25 m^3。

确定货物计费重量，即确定货物属于重货还是轻泡货，以及确定货物适用车辆的标记吨位信息，计费重量注意事项见表 2—13。

表 2—13　　计费重量注意事项

计费形式	计费单位	整批货物	零担货物
一般货物	毛重	吨以下至 100 kg	计费重量为 1 kg
轻泡货物	333 kg/m^3	按车辆标记吨位计算	1 m^3 折合 333 kg
包车运输	—	按车辆标记吨位计算	—
散装货物	—	按体积折算	—

3. 确定计费里程

查阅《全国主要城市间公路里程表》，确定上海到北京的公路里程为 1 490 km。

4. 确定货物基本运价

查阅当日上海至北京的货运价目表（见表 2—14）后，确定该货物按照整批货物发运，每立方米 100 元。

注意事项：确定货物基本运价，即确定适用整批货物运价、零担货物运价还是包车运价。

表 2—14　　上海至北京、天津、河北物流运输货运价目表　　元

地区	按体积					按重量					
	1 m^3	2～5 m^3	6～10 m^3	11～20 m^3	21～40 m^3	1 t 以下	2～5 t	6～10 t	11～20 t	21～30 t	到达时间（天）
北京	150	140	130	110	100	500	400	350	330	280	2～3
天津	150	140	130	110	100	500	400	350	330	280	2～3
石家庄	150	140	130	110	100	500	400	350	330	300	2～3
保定	160	140	130	120	110	500	400	380	350	300	2～3
邢台	160	150	130	120	110	550	380	350	330	300	2～3
邯郸	160	150	130	120	110	550	400	380	350	300	2～3
衡水	160	150	130	120	110	550	400	380	350	300	2～3
沧州	160	150	130	120	100	500	400	350	330	300	2～3
唐山	170	160	140	130	120	550	450	380	350	320	2～3
秦皇岛	170	160	140	130	120	550	450	380	350	320	2～3

注：以上报价中，轻泡货物不含提送费，重货 5 t 以上不加提送货费，异型货物、大宗货物、设备、整车等价格另议。

5. 计算运输费用

本次货物运输没有其他附加费用，所以根据整批货物运费计算公式可得这批货物的运费为：

$$100\div1\ 490\times(1+30\%)\times25\times1\ 490=3\ 250\text{（元）}$$

第四节　公路运输业务

一、整车货物公路运输

整车货物公路运输是指一批货物至少需要一辆货车进行公路运输。

1. 整车货物公路运输的货物类型

整车货物公路运输的货物类型见表 2—15。

表 2—15　　整车货物公路运输的货物类型

类型	举例
鲜活货物	冻肉、冻鱼、鲜鱼，以及活的牛、羊、猪、兔、蜜蜂等
需用专车运输的货物	石油、烧碱等危险货物，粮食、粉剂等散装货物
不能与其他货物拼装运输的危险品	燃料等危险化学品
易于污染其他货物的不洁货物	炭黑、皮毛、垃圾等
不易于计数的散装货物	煤、焦炭、矿石、矿砂等

2. 整车货物公路运输的特征

（1）为明确运输责任，通常是一车一张货票、一个托运人。

（2）多点装卸按全程合计最大载重量计重，不足者按车辆额定载重量计算。

（3）托运人自理装车，未装足时按车辆标记载重量核收运费。

（4）一般不需中间环节或中间环节很少，送达时间短，集散成本较低。

3. 整车货物公路运输的业务流程

整车货物公路运输的业务流程主要包括业务受理、收费并开具货票、运输调度、货物发运、在途跟踪、到货交接和回单签收，如图 2—7 所示。

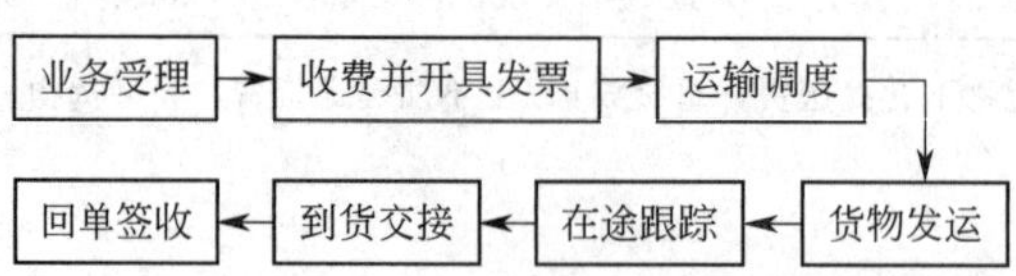

图 2—7　整车货物公路运输的业务流程

（1）业务受理

业务受理人员与托运人办理相关的受理托运工作，主要包括核实货物是否已处于待运状态、货物数量和发运日期有无变更、包装是否符合运输要求，以及确定货物体积、重量的换算标准及交接方式。

（2）收费并开具货票

托运人根据货物的类型和运输价格向承运人支付运费和杂费，并领取承运凭证——货票。货票是财务性质的单证，是根据货物托运单填记的，除具有托运单上的内容外，还载明货物运费和杂费。在发货站，货票是向发货人（托运人）核收运费的依据；在到达站，货票是收货人办理货物交付的凭证。货票也是运输企业统计完成运输量、核算运输收入的原始凭证，见表2—16。

表2—16　　　　××省汽车运输货票

托运人：　　　　　　　　车属单位：　　　　　　　　自编号：

装货地点				发货人		地址		电话	
卸货地点				收货人		地址		电话	
运单或货签号码		计费里程		付款人		地址		电话	

运费金额	包装形式	件数	实际重量（t）	计费运输量		吨千米运价			运费金额	其他收费		运杂费小计
				（t）	吨千米	货物等级	道路等级	运价率		项目	金额	
装卸费												
运杂费合计金额（大写）：												
备注							收货人签收盖章					

开票单位（盖章）：　　　　开票人：　　　　承运驾驶员：　　　　年　月　日

说明：

1. 本货票适用于所有从事营业性运输的单位和个人的货物运输费用结算。
2. 本货票共分为四联：第一联（黑色）为存根，第二联（红色）为运费收据，第三联（浅蓝色）为报单，第四联（绿色）为收货回单，经收货人盖章后送车队统计。
3. 票面尺寸为220 mm×130 mm。
4. 货票第四联右下端设有“收货人签收盖章”栏，在其他联中没有。

（3）运输调度

根据运输计划指令，调度人员要合理安排发车时间，调度合适的承运车辆并进行路线安排，安排人员在规定的时间内到达客户指定的装货地点。

（4）货物发运

货物发运是指承运人在接受调度指令后，前往客户处装车，对车辆进行安检、现场监装并交接货物运单。承运人可以根据货票或运单填写的内容、数量和发货单位联系发货，确定交货办法。在货物装车前，承运人应检查货物包装有无破损、渗漏、污染等情况，装车完毕后，应清查货位，检查有无错装、漏装，确认无误后办理相关手续。

（5）在途跟踪

在途跟踪是指承运人对所承运的货物及时进行跟踪，反馈途中信息，保证货物运输安全、及时、准确、有序。客户服务人员与收货人电话联系送货情况，填写跟踪记录，如有异常情况及时与客户联系。货物在途时，有时还需要在中转站进行整车货物分卸、加冰加盐、活动物途中上水等作业。

（6）到货交接

货物按时、准确到达指定卸货地点，驾驶员与收货人卸货、填写交接记录，交付货物后收货人进行签收，包括货运票据的交接、货物卸车、保管和交付等内容。监卸人员在接到卸货预报后，了解卸货地点、货位、行车道路、卸车机械等情况，根据运单及货票所列的项目与收货人点件或监秤记码交接。

（7）回单签收

收货人对货物验收无误后，要及时签收回单。当回单返回到承运人手中时，承运人要依据客户订单，并对照送货单察看签收情况，了解是否如数实收，是否有破损、短少等异常情况出现。在信息系统内记录回单签收情况，即数量是否一致、状态是否完好等。

4. 整车货物公路运输的组织形式

整车货物公路运输的组织形式有以下两种。

（1）双班运输

基本方法是根据所拟双班运输的不同形式，每辆汽车配备驾驶员两名左右，分日夜两班轮流驾驶，即以八小时左右为一班。常见的形式包括一车两人、日夜双班，一车三人、两工一休，一车两人、日夜双班、分段交班，一车三人、日夜双班、分段交接，两车三人、日夜双班、分段交换，以及一车两人、轮流驾驶、日夜双班。

（2）拖挂运输

汽车运输用的车辆通常可分为汽车、牵引车和挂车三大类。由载货汽车和全挂车或由牵引车和半挂车组成的汽车列车所从事的货物运输称为拖挂运输。拖挂运输一般可以分为定挂运输和甩挂运输。定挂运输是指汽车列车在完成运行和装卸作业时，汽车（或牵引车）与全挂车（或半挂车）一般不分离。甩挂运输是指汽车列车按预定的计划在各装卸作业点甩下并挂上指定的挂车后继续运行的一种组织方式，常见的形式有一线两点甩挂运输、循环甩挂运输、驮背运输（或载驳运输）等。

二、零担货物公路运输

一次托运重量不超过 3 t 的货物称为零担货物。零担货物运输是指计费重量在 3 t 及 3 t 以下的货物运输。

1. 零担货物公路运输的特征

（1）灵活方便，适应经济发展的需要

零担货运不仅有以车就货、穿街走巷、上门取货、送货到家的灵活性，而且经营方式灵活多样，能较好地满足不同类型客户的需求，促进商品经济的发展。

（2）运输安全、迅速、经济

零担货车一般配有零担专用车厢，具有防淋、防晒、防火、防盗、防尘的“五防”性能，商务作业也是专人专职专责，运送时定车定人，因此事故少、安全系数高。零担货班班期短、周转快，货源增加可以随时加班。

（3）有利于建立货运网络，实现货畅其流

零担运输已遍及全国，为建立四通八达的全国货运网络，实现货畅其流打下了良好的基础。

（4）有利于提高运输工具效率，节约运力与能源

零担运输一般货源、车辆、人员相对稳定，往返配载概率大，有利于提高车辆的运输效率，降低行车消耗，增加经济效益。

2. 零担货物公路运输的业务流程

零担货物公路运输的业务流程主要包括业务受理、收费并开具货票、计划调度、配载装车、车辆运行、货物中转、到站卸货、货物交付和派送返单，如图 2—8 所示。

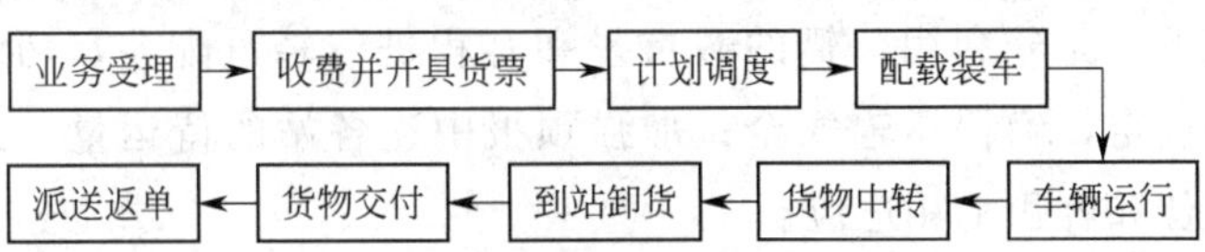

图 2—8　零担货物公路运输业务流程

（1）业务受理

零担货物始发站负责承运的业务人员根据货物性质、业务规则（零担货运承运注意事项或零担货物承运管理规则）和本企业营运范围内的线路、站点、到达站点的装卸能力等来承接托运零担货物，办理托运手续。受理托运时，业务人员必须严格遵守物流企业承运货物的有关规程，根据托运要求，向货主或托运人询问清楚后认真填写

托运货票，并交由托运人审核无误后方可承运。

在受理托运业务时，可根据受理的零担货物数量、运距和车站作业能力采用不同的受理制度和方法，如随时受理制、预先审批制、日历承运制等。

1）随时受理制。这种制度对托运日期无具体规定，在营业时间内，发货人均可将货物送到货运站办理托运，为货主提供了方便。

2）预先审批制。这种制度要求发货人事先向货运站提出申请，车站再根据各个发货方向及站别的运量，并结合站内设备和作业能力加以平衡，分别指定日期进货集结，组成零担班车。

3）日历承运制。采用这种制度时，货运站根据零担货物流量、流向规律编写承运日期表并事先公布，发货人则按规定日期来站办理托运手续。

（2）收费并开具货票

受理人员在收到零担货物托运单后，应及时验货过磅，认真清点交接，并做好记录。零担货物过磅后，连同托运单交仓库保管人员，按托运单编号填写标签及有关标志，并根据托运单和磅码单填写货票，照票收取运费和杂费。

（3）计划调度

在办理完相关托运手续后，负责办理手续的业务人员应按规定及时将货物交给负责保管的仓库人员。负责保管的仓库人员应及时填写货物入库大单，严格按货物种类、急缓要求、运输方向、到达站点实施分类码放。零担货物在仓库的存放时间短，周转快，应主要控制货物的出入库效率和库内存放货位的管理。货物进出仓库要严格执行照单入库或出货，做到以票对货、票票不漏、货票相符。

（4）配载装车

1）零担货物配载应遵循的原则。中转先运、急件先运、先托先运、合同先运；一张托运单上的货物必须一次运清，不得分批运送；可以直达运送的货物必须直达运送；必须中转的货物应按合理流向配载，不得任意增加中转环节；在法律法规、现行标准规定允许的前提下，充分利用车辆的载重量和容积进行轻重配装，巧装满装；认真执行货物混装限制规定，确保运输安全；加强预报中途各站的待运量，并尽可能使同站卸装的货物在吨位和容积上相适应。

2）做好装车前的准备工作。按车辆的容载量和货物的长短、大小、性质进行合理配载，填制配装单和货物交接清单。填单时应按照货物先远后近、先重后轻、先大后小、先方后圆的顺序填写，以便按单顺次装车。不同到达站和中转的货物要分单填制，不得混填一单。整理各种随货单证，分别附在交接单的后面。按单核对货物的堆放位置，做好装车标记。

3）零担货物装车注意事项。完成上述准备工作后，方可装车。装车时，除按交接清单的顺序和要求点件装车外，还要注意将贵重物品放在防压、防撞的位置，保证其运输安全。货物装妥后，要复查货位，防止错装、漏装、误装。确认无误后，驾驶员（或随车理货员）要清点随货单证并在交接清单上签章，还要检查车辆的门锁及遮盖捆扎等情况。

（5）车辆运行

零担车必须按期发车，不得误班。如属有意或过失责任造成误班的，必须按章对责任人进行处罚。定期零担班车应按照规定路线行驶，到达规定停靠的中途站时，车辆必须进站，并由中途站值班人员在行车路单上签字。行车途中，驾驶员（或随车理货员）应经常检查车辆装载情况，如果发现异常，应及时处理或报请就近车站协助处理。

（6）货物中转

需要中转的货物应以中转零担班车或沿途零担班车的形式运送到规定的中转站进行中转。一般有以下三种基本方法：

1）落地法。这种方法是指将到达车辆上的全部零担货物卸下入库，按不同方向或到达站在货位上重新集结，再重新配装。

2）坐车法。这种方法是指将到达车辆上运往前面同一到站且中转数量较多或卸车困难的那部分核心货物留在车上，将其他货物卸下后再加装一同到站的其他货物。

3）过车法。这种方法是指当几辆零担车同时到站进行中转作业时，将车内的部分中转货物由一辆车直接换装到另一辆车。组织过车时，可以向空车上过，也可以向留有核心货物的重车上过。

（7）到站卸货

到站后，仓库人员检查货物情况，如无异常，在交接单上签字并加盖业务章，如有异常情况发生，则应采取以下相应措施处理：

1）有单无货，双方签注情况后，在交接单上注明，将原单返回。

2）有货无单，确认货物到站后，由仓库人员签发收货清单，双方盖章，清单寄回起运站。

3）货物到站错误，将货物原车运回起运站。

4）货物短缺、破损、受潮、污染、腐烂时，应双方共同签字确认，填写事故清单。

（8）货物交付

货物入库后，通知收货人凭提货单提货，或者按指定地点送货上门，并做好交货记录，逾期提取的按有关规定办理。货物点交完毕后，应及时在提货单上加盖“货物交讫”的戳记。

（9）派送返单

在规定的服务时间内，将收件人签收确认后的货物托运单或客户文件原件返还给发件人。发件人也可以联系客户服务人员，要求发送货物送达的签收证明。

三、特种货物公路运输

特种货物一般可分为危险货物、超限货物、鲜活易腐货物三大类。

1. 危险货物公路运输

（1）危险货物的概念

危险货物是具有自燃、易燃、爆炸、腐蚀、毒害、放射性等性质的货物，运输作业中极易发生危险事故，必须严格执行有关规定。

确认某一货物是否为危险货物，是危险货物运输管理的前提，也是保证货物运输安全的前提。危险货物一般分为爆炸品，气体，易燃液体，易燃固体、易于自燃的物质、遇水放出易燃气体的物质，氧化性物质和有机过氧化物，毒性物质和感染性物质，放射性物质，腐蚀性物质，杂项危险物质和物品，共九类。在实践中，仅凭危险货物的定义和分类标准来确认某一货物是否为危险货物是有困难的，承托双方不可能到需要运输时再对某一货物做技术鉴定，这样做会引起承托双方的矛盾。

我国发布了国家标准《危险货物品名表》（GB 12268—2012），列举了危险货物的具体品名数据。据此，各运输方式结合自身的特殊性，颁布有适合本运输方式的危险货物运输规则或规定（以下简称《危规》）。各《危规》在对各危险货物下定义的同时，都收集列举了本规则范围内各种货物的具体品名，并加以分类。托运时，必须是本运输方式《危险货物品名表》所列明的，方予以确认和运输。《危规》中未列名且性能确实危险的货物，必须根据各种危险货物的分类分项标准，由托运人出具技术鉴定书，并经有关主管部门审核或认可后，才能作为危险货物进行运输。

（2）危险货物的托运要求

托运人在办理危险货物托运时必须做到以下几点：

1）向已取得道路危险货物运输经营资格的运输企业办理托运。

2）在托运单上填写清楚危险货物品名、规格、件重、件数、包装方法、起运日期、收发货人详细地址及运输过程中的注意事项。办理有特殊要求或凭证运输的危险货物的托运手续，还须附有相关单证，并在托运单备注栏内注明。

3）托运下列危险货物，应持有关证件：托运爆炸物品和需凭证运输的危险化学品，应持有公安部门签发的爆炸品准运证或危险化学品准运证；托运放射性物品，应持有指定的卫生防疫部门核发的包装表面污染及辐射水平检查证明。

4）如果托运的几种危险货物的性质或灭火方法相互抵触，必须分别填写托运单，以防混装而引发重大事故。

5）托运未列入国家标准《危险货物品名表》（GB 12268—2012）的危险货物新品

种，需提交生产或经营单位主管部门审核的《危险货物鉴定表》，经省级公路运输管理部门批准后办理运输手续。

若未按以上规定办理危险货物托运手续，由此发生运输事故，由托运人承担全部责任。

承运人受理危险货物运输作业，必须了解危险货物的详细信息，主要包括以下几点：

1）必须详细了解货物名称、性能、形态、包装、单件质量、安全措施等情况并详细注明。

2）及时弄清货物的包装、规格和标志是否符合国家有关规定的要求，必要时到现场进行了解。

3）承运未列入国家标准《危险货物品名表》（GB 12268—2012）的危险货物新品种，应检查随附的鉴定文件是否齐全。

4）按规定检查需要的准运证件是否齐全。

5）爆炸品、剧毒品、一级氧化剂、放射性物品（天然铀、钍类除外）到达车站和码头时，相关人员应赴现场检查包装等情况。

（3）危险货物运输的安全注意事项

1）应配备符合规定的驾驶员和押运员。运输危险货物的驾驶员和押运员必须经过专门培训并取得危险货物运输从业资格证和押运证。

2）车辆技术状况和安全性能合格。相关人员必须对车辆的安全技术状况进行认真检查，发现故障必须排除后方可投入运行。

3）应急处理准备充分。相关人员要检查随车消防器材的数量及其有效性，要随车携带不发火的工具、专业堵漏设备、劳动防护用品，不得穿钉子鞋和化纤服装。押运员要掌握承载货物的事故技术处置方案（包括危险特性、处置措施、消防处置措施），熟悉产品生产厂家联系电话，以及交通事故、治安、消防、救护、环保等报警电话。

4）精心驾驶，平稳行车。驾驶员行车要遵守交通、消防、治安等法律法规，驾驶中要尽量少用紧急制动，以保持货物稳定，确保行车安全。

5）行车途中勤检查。危险货物运输的事故隐患主要是从泄漏开始的。行车途中的颠簸震动往往容易造成包装破损，因此驾驶员要勤于检查，一旦发生泄漏，要迅速将车辆开往空旷地带，远离人群、水源。发生交通事故时，驾驶员要扩大隔离范围，并立即向有关部门报告。

6）选择行驶路线得当，行车时间恰当。运输危险货物要选择道路平整的国道主干线，不能图路近而走复杂的路段。行车要远离城镇及居民区，非通过不可时，要先行检查一次，确认安全无泄漏后再通过。运输危险品的驾驶员不能在城市街道、人口密集区停车吃饭、休息，提倡白天休息，夜间行车，以避让车辆、人员高峰期。

在运输过程中，危险货物如果出现漏洒现象，应该采取如下措施：

1）爆炸品。迅速转移至安全场所修理或更换包装，及时用水湿润漏出的物品，撒些锯屑或棉絮等松软物，轻轻收集。

2）压缩气体或易挥发液体。打开车门、库门，并移到通风场所。液氨漏气可浸入水中，其他剧毒气体应浸入石灰水中。

3）自燃品或遇水燃烧品。黄磷洒落后要迅速浸入水中，金属钠、钾等洒落后必须立即浸入盛有煤油或无水液体石蜡的铁桶中。

4）易燃品。将渗漏部位朝上，用干燥的黄沙、干土覆盖后清理。

5）毒害品。迅速用沙土掩盖，疏散人员，请相关部门协助处理。

6）腐蚀品。用沙土覆盖，清扫后用清水冲洗干净。

7）放射品。迅速远离放射源，保护好现场，请相关部门指导处理。

（4）危险货物包装的基本要求

为了保证运输过程中危险货物的质量不发生变化，数量保持完整，防止发生燃烧、爆炸、腐蚀、毒害、放射性污染等事故，对危险货物进行包装是至关重要的，危险货物的包装有下列基本要求。

1）包装的材质应与所装危险货物的性质适应，即包装及容器与所装危险货物直接接触部分不应受其化学性质的影响。

2）包装及容器应具有一定的强度，能经受运输过程中正常的冲击、振动、挤压和摩擦。

3）包装的封口必须严密、牢靠，并与所装危险货物的性质相适应。

4）内外包装之间应加适当的衬垫，以防止运输过程中内外包装之间、包装和包装之间，以及包装与车辆、装卸机具之间发生冲撞、摩擦、振动而使内容器破损，同时又能防止液体货物挥发和渗漏。当其漏洒时，衬垫可起吸附作用。

5）包装应能经受一定范围内温、湿度的变化，以适应各地气温、相对湿度的差异。

6）包装的质量、规格和形式应适应运输、装卸和搬运条件。例如，包装的质量和体积不能过重、过大，形式结构应便于各种装卸方式作业，外形尺寸应与有关运输工具包括托盘、集装箱的容积、承载质量相匹配等。

7）应有规定的包装标志和储运指示标志，以利于运输、装卸、搬运等安全作业。

一般货物运输包装标记分为识别标记和储运指示标记。危险货物运输包装除前述两种标记外，还须有危险性标记，以明确、显著地识别危险货物的性质。

（5）危险货物装卸搬运注意事项

1）进行装卸搬运作业时，操作人员应根据不同货物的危险特性，分别穿戴相应的防护用具，装卸搬运有毒、腐蚀性、放射性等货物更应注意。防护用具包括工作服、橡胶围裙、橡胶袖罩、橡胶手套、长筒胶靴、防毒面具、滤毒口罩、纱口罩、纱手套和护目镜等。操作前应由专人检查防护用具是否备齐，穿戴是否合适。操作后应对防护用具进行清洗或消毒，放在专用的箱柜中保管。

2）对危险货物进行装卸搬运作业时应轻拿轻放，防止撞击、摩擦、碰摔、振动。发现包装破漏，必须移至安全地点整修或更换包装，整修时不应使用可能发生火花的工具。危险货物撒落在地面、车板上时应及时扫除，易燃易爆物品应用松软物经水浸湿后扫除。

3）装卸搬运危险货物时不得饮酒、吸烟。工作完毕后根据工作情况和危险货物的性质，及时清洗手、脸，漱口或淋浴。装卸搬运毒害品时，必须保持现场空气流通，如果发生恶心、头晕等中毒症状，应立即呼吸新鲜空气并休息，脱去工作服和防护用具，清洗皮肤沾染部分，严重者送医院诊治。

4）装卸搬运爆炸品、一级易燃品、一级氧化剂时，不得使用铁轮车、未配备灭弧设备的电瓶车，以及其他无防爆装置的运输工具。参加作业的人员不得穿带有铁钉、铁掌的鞋子，禁止滚动铁桶，不得踩踏爆炸品及其包装。装车时，必须力求稳固，不得堆装过高。装卸搬运一般宜在白天进行，并避免日晒。炎热季节时，应在早晚作业，晚间作业应采用防爆式或封闭式的安全照明装置。雨、雪、冰封时作业，应有防滑措施。

5）装卸搬运强腐蚀性物品前，应检查箱底是否已被腐蚀，以防脱底发生危险。搬运时禁止肩扛、背负或用双手揽抱，只能挑、抬或用车子搬运。搬运堆码时，不可倒置、倾斜、震荡，以免液体溅出发生危险。现场须备有清水、苏打水或醋酸等，以备急救用。

6）装卸搬运放射性物品时，不得肩扛、背负或揽抱，并尽量减少人体与物品包装的接触，应轻拿轻放，防止摔破包装。工作完毕，用肥皂和水清洗手、脸并淋浴后才可进食饮水。使用后的防护用具和工具必须仔细洗刷。装卸现场的污水不得随便流散，应引入深沟或进行处理，固体废弃物应挖坑深埋。

7）性能互相抵触的两种物品不得同地装卸、同车（船）并运。装卸怕热、怕潮物品时，应采取隔热、防潮措施。

2. 超限货物公路运输

（1）超限货物的概念

超限货物是指外形尺寸和重量超过常规（指超长、超宽、超高、超重）车辆、船舶装载规定的大型货物，如图 2—9 所示。超限货物重量指货物的毛重，即货物的净重加上包装和支撑材料后的总重，它是配备运输车辆的重要依据，一般以生产厂家提供的货物技术资料所标明的重量为参考数据。

图 2—9 超限货物

（2）超限货物公路运输的分级

超限货物装载后，车辆与货物的总重量超过所经路线桥涵、地下通道的限载标准，货物宽度超过车辆界限，载货车辆最小转弯半径大于所经路线设计弯道半径。针对这些情况，我国公路运输主管部门把公路超限货物按其外形尺寸和重量分成四级，见表 2—17。

表 2—17 公路运输超限货物分级

超限货物级别	质量（t）	长度（m）	宽度（m）	高度（m）
1	40～100	14～20	3.5～4	3～3.5
2	100～180	20～25	4～4.5	3.5～4
3	180～300	25～40	4.5～5.5	4～5
4	300 以上	40 以上	5.5 以上	5 以上

（3）超限货物的运输要求

基于超限货物的特点，其运输组织与一般货物有所不同。

1）特殊装载要求。超限货物运输对车辆和装载有特殊要求，一般情况下，超重货物装载在超重型挂车上，用超重型牵引车牵引，而这种超重型车组是非常规的特种车组，车组装上超限货物后，往往重量和外形尺寸大大超过普通汽车、列车，因此超重型挂车和牵引车都是用高强度钢材和大负荷轮胎制成的，价格较为昂贵。

2）特殊运输要求。超限货物运输条件有特殊要求，途经道路和空中设施必须满足所运货物外形的通行需要。道路要有足够的宽度、净空和良好的曲度，桥涵要有足够的承载能力。这些要求在一般道路上往往难以满足，必须事先进行勘测，运前要对道路相关设施进行改造，运输中采取一定的组织、技术措施，并分段封闭交通，超限车组才能顺利通行。

3）特殊安全要求。超限货物一般均为国家重点工程的关键设备，因此运输时必须确保安全，万无一失。运输前，要根据有关运输企业的申请报告，组织有关部门、单位对运输路线进行勘察筛选，对地空障碍进行排除，对超过设计荷载的桥涵进行加固，指定运输护送方案。运输中，要进行现场调度，做好全程护送，协调处理发生的问题。

(4) 超限货物公路运输组织工作要点

根据公路超限货物的特点，其组织工作环节主要包括托运、理货、验道、制定运输方案、签订运输合同、线路运输工作组织，以及运输统计与结算等。

在办理托运时，应由超限货物托运人（单位）向已取得超限货物运输经营资格的运输企业或其代理人办理托运手续，托运人必须在托运单上如实填写超限货物的名称、规格、件数、件重、起运日期、收发货人详细地址及运输过程中的注意事项，应提供货物重心位置的资料并在货物上标明重心位置。若未按上述要求办理托运手续或托运单填写不明确，由此发生的运输事故由托运人承担全部责任。

承运人在受理托运时，必须做到：

1) 根据托运人填写的运单和提供的有关资料，予以查对核实。

2) 承运超限货物的级别必须与批准经营的类别相符，不准受理经营类别范围以外的超限货物运输。

3) 承运人应根据超限货物的外形尺寸和车货重量，在起运前会同托运人勘察作业现场和运行路线，了解沿途道路线形和桥涵通过能力，并制定运输组织方案。涉及其他部门的应事先向有关部门申报并征得同意，方可起运。

4) 超限货物运输的装卸作业，由承运人负责的，应根据托运人的要求、货物的特点和装卸操作规程进行作业；由托运人负责的，承运人应按约定的时间将车开到装卸地点，并监装、监卸。在货物的装卸过程中，由于操作不当或违反操作规程，造成车货损失或第三者损失的，由承担装卸的一方负责赔偿。

5) 运输超限货物，应按有关部门核定的路线行车。白天行车时应悬挂标志旗，夜间行车和停车休息时应装设标志灯。

(5) 运输超限货物的注意事项

运输超限货物时，由于货物的长大笨重特点，通常都要采取相应的技术措施和组织措施。因此，组织超限货物运输对于装运车辆的性能和结构、货物的装载和加固技术等都有一定的特殊要求。运输超限货物注意事项如下：

1) 为了保证超限货物和车辆的完好，保证车辆运行安全，必须满足一定的基本技术条件。超限货物的装卸应尽可能选用适宜的装卸机械，装车时应使超限货物的全部支承面均匀、平衡地放置在车辆底板上，以免损坏大梁。应尽可能选用大型平板车等专用车辆载运超限货物。

2) 除有特殊规定者外，装载超限货物的质量不得超过车辆的允许载重量，超限货物的长度、高度、宽度不得超过规定的装载界限。

3) 为了使支承面不大的超限货物的质量能均匀地分布在车辆底板上，必须将其安置在纵横垫木或其他适宜的设备上。

4）超限货物的重心尽量置于车底板纵、横中心线交叉点的垂直线上，如无可能时，则严格限制其横向位移。

5）重车重心高度应有一定限制，重车重心如偏高，除应认真进行装载加固外，还应采取配重措施降低重心高度，同时，车辆应限速行驶。在超限货物中，一些货物的支承面小，其质量集中于装载车辆底板上某一小部分，使货物的质量大于所装车辆底板负重面最大允许载重量。所以在确定此类货物的装载方案时，应采取措施避免使车底架受力过于集中，导致工作压力超过设计的许用限度。

6）超限货物装车运输时，比普通货物更易受到包括纵向惯性力、横向惯性力、垂直惯性力、风力，以及货物支承面与车底板之间的摩擦力等各种外力的作用，这些外力综合作用往往会使货物发生水平移动、滚动甚至倾覆。因此，运送超限货物时，除应考虑它们合理装载的技术条件外，还应视货物重量、形状、大小、重心高度、车辆和道路条件、运送速度等具体情况采取相应的加固捆绑措施。

3. 鲜活易腐货物公路运输

（1）鲜活易腐货物的概念

鲜活易腐货物是指在一般运输条件下易于死亡或变质腐烂的货物，如图 2—10 所示。此类货物在运输过程中须采取特别的措施，保持一定湿度、温度等，以保持其鲜活或不变质。

图 2—10　鲜活易腐货物

（2）鲜活易腐货物的分类

鲜活易腐货物分为易腐货物和活动物两大类，其中占比例最大的是易腐货物。易腐货物是指在一般条件下保管和运输时，极易受到外界气温及湿度的影响而腐败变质的货物，主要包括肉、鱼、蛋、水果、蔬菜、活植物等。活动物包括禽、畜、兽、蜜蜂、鱼虾等。

(3) 鲜活易腐货物的特征

1) 需有人随车押运照料。例如，运输禽、兽、畜、蜜蜂、鱼虾等活动物时，需有人在运输途中添加饲料、上水、换水、注氧气等，可用一般敞式货车（装运耕牛或生猪时，不能使用全铁底板车厢的货车）或经适当改装的专用车、高栏板车等运输。

2) 对温度要求不同。运送肉类温度要低，蛋类温度要适中，水果、蔬菜或鲜花均怕热又怕冷。例如，香蕉要保持在 12～14℃，菠萝要保持在 8～10℃等。运输此类货物适宜使用冷藏车、保温车。对于要保持零度以上温度的鲜活易腐货物，可使用加盖保温材料和封闭车厢车辆进行运输。

3) 季节性强、货流波动幅度大。例如，水果主要产于夏季与秋季，海洋水产有冬汛期和春汛期，鲜蛋的运输旺季在 4 至 6 月，蔬菜运输旺季在 11 月至次年的 5 月等。各地自然条件和气候变化不同，往往影响这些货物的产量，使货流产生波动。

4) 运送时间要求紧迫。大部分鲜活易腐货物极易变质，要求以最短的时间、最快的速度及时运到。

(4) 鲜活易腐货物的运输温度要求

在鲜活易腐货物的运输中，货物的变质大多是发生腐烂，而冷藏能很好地保持货物原有的特性，使货物保藏的时间较长，不易发生腐烂。冷藏货物大致分为冷冻货物和低温货物两种。冷冻货物是指在冷冻状态下进行运输的货物，运输温度的范围一般在－20～－10℃。低温货物是指在还未冻结或货物表面有一层薄薄的冷冻层的状态下进行运输的货物，运输温度的范围一般在－1～16℃。一些具有代表性的冷冻货物和低温货物的运输温度见表 2—18 和表 2—19。

表 2—18　　冷冻货物的运输温度

货名	运输温度（℃）	货名	运输温度（℃）
鱼	－17.8 ～－15.0	虾	－17.8 ～－15.0
肉	－15.0 ～－13.3	黄油	－12.2 ～－11.1
蛋	－15.0～－13.3	浓缩果汁	－20

表 2—19　　低温货物的运输温度

货名	运输温度（℃）	货名	运输温度（℃）
肉	－5～－1	菠萝	11.0 以内
腊肠	－5～－1	橘子	2.0～10.0
带壳鸡蛋	－1.7～15.0	柚子	8.0～15.0
苹果	－1.1～16.0	红葱	－1.0～15.0
梨	0.0～5.0	土豆	3.3～15.0
葡萄	6.0～8.0		

（5）影响鲜活易腐货物运输质量的因素

鲜活易腐货物的运输质量是与人民生活密切相关的，主要的影响因素是装车方法和装车时间。

1）冷藏车。一部冷藏车主要由货车、制冷机组和保温箱组成。一般的冷藏车都是在普通货车的基础上改装而成，制冷效果完全取决于制冷机的功率和质量。冷藏车都需要有保温箱，须由专业的生产厂家提供。

2）装车方法。鲜活易腐货物的装车方法正确与否，直接影响运输质量。装车方法有两种：一种是紧密的堆垛方法，适用于冻结商品的运输，这样可以使冻结商品本身的冷量不易散失，有利于保持商品质量，并能提高装载能力；另一种是留有间隙的堆码方法，适用于冷却和未冷却的水果、蔬菜、鲜蛋等的运输，其目的是使车内空气顺利地流通，排出物品散发的热量，使车内温度比较均匀。

例如，水果、蔬菜类货物应保持通风散热，在货件之间保留一定空隙；怕压的货物应防止运输过程中挤压，必须在车内加隔板并分层装载。

具体的堆码方法要根据鲜活易腐商品的品类、包装方式而定，如吊挂法、品字形装车法、井字形装车法、筐品对装法等。

3）装车时间。鲜活易腐商品装车的作业时间直接影响货物托运的初始温度，进而影响货物质量。对冻肉的温度测试表明，由装车开始至装完封车门止，装车时间按每辆 3 h 计算，平均温度升高 5.6℃。

鲜活易腐商品到达时，专用线备有冷藏仓库，可以直接卸入冷藏仓库。一般车站、码头没有冷藏仓库，为防止易腐商品卸车后遭到污染和软化，需要采取以下措施：在春季、夏季和秋季，鲜活易腐商品不得卸入普通仓库或货场上，应事先准备好冷藏车，待冷藏车到达后，货不落地，直接装车运到市内冷藏仓库或销售部门；在冬季，鲜活易腐商品可以暂时卸在货场上，但应事先准备席子、棉被等防护设备，卸后要严密覆盖，然后迅速组织出货，不能在货场上保管过久。

冷却货物一般按现状交付，不检查温度，如发现有腐烂变质情况，经检验后，确认腐损程度，并编制货运记录。

技能训练

1. 查询运输线路

如果有一批货物通过公路运输的方式从北京运往广州，请利用在线地图或者地图册查询这批货物可以选择哪条运输线路以及具体线路路段的名称，并针对所选线路做出初步的分析，如运输距离、时间等方面。

2. 填制运输单据

已知浙江杭州A机床厂（杭州市××区××路90号，电话：0571-8888××××）有一批重量为2.2 t的仪器设备（板条箱装，尺寸为4 500 mm×1 756 mm×1 638 mm）运往昆明B模具厂（昆明市××区××路88号，电话：0871-7777××××），交由杭州C运输有限公司承运。试填写公路货物托运单和交运物品清单。

思考练习题

1. 公路运输合同包括哪些内容？

2. 公路货物运输包括哪些种类？

3. 公路运输的业务流程是什么？

4. 在各种运输方式中，事故率最高的是哪一种？

5. 简述整车货物运输的流程。

6. 采用零担运输方式时，应注意哪些问题？

7. 超限货物的运输要求有哪些？

8. 某货主托运一批瓷砖，重4 523 kg，承运人公布的一级普货费率为1.2元/t·km，吨次费率为16元/t，该批货物运输距离为36 km，瓷砖为普货三级，计价加成30%，途中通行收费35元。计算货主应支付多少运费。

9. 某人包用运输公司一辆5 t货车3 h 40 min，包车运价为13元/t·h。运输公司应包用人要求对车辆进行了改装，发生工料费120元。车辆包用期间运输玻璃2箱、食盐2 t，发生通行费50元，行驶里程总计156 km。计算包用人应支付多少运费。

第三章　铁路运输

第一节　铁路运输概述

一、铁路运输的特点

1. 铁路运输的优点

（1）运输能力大，适合于大批量低值产品的长距离运输。

（2）单车装载量大，加上有多种类型的车辆，使它几乎能承运任何商品，几乎可以不受重量和容积的限制。

（3）车速较高，平均车速仅次于航空运输。

（4）受气候和自然条件影响较小，在运输的经常性方面占优势。

（5）可以方便地实现驮背运输、集装箱运输及多式联运。

2. 铁路运输的缺点

（1）铁路线路的固定成本很高，原始投资较大，建设周期较长。

（2）运输过程中需要有列车的编组、解体和中转改编等作业环节，占用时间较长，增加了货物在途中的时间。

（3）铁路运输的货损率较高，而且由于装卸次数多，货物损毁或丢失的事故通常比其他运输方式多。

（4）不能实现门到门的运输，通常要依靠其他运输方式配合，才能完成运输任务。

二、铁路运输的分类

1. 按运输条件分类

铁路运输按运输条件不同，可分为普通货物运输和特殊货物运输，后者又可分为超大货物运输、危险货物运输和鲜活货物运输，见表 3—1。

表 3—1　　铁路运输按运输条件分类

运输方式	含义
普通货物运输	除按特殊运输条件办理的货物外的其他各种货物的运输
特殊货物运输	超大货物运输是指一些长、重、大的货物的运输
	危险货物运输是指具有爆炸、易燃、毒蚀、放射性等特性，在运输、装卸和储存保管过程中，容易造成人身伤亡和财产毁损而需要特殊防护的货物的运输
	鲜活货物运输是指在铁路运输过程中需要采取制冷、加温、保温、通风、上水等特殊措施，以防止腐烂变质或死亡的货物的运输

2. 按一批货物的重量、体积、性质、形状分类

铁路运输按一批货物的重量、体积、性质、形状不同，可分为整车运输、零担运输和集装箱运输，见表 3—2。

表 3—2　　铁路运输按一批货物的重量、体积、性质、形状分类

运输方式	含义
整车运输	凡一批货物的重量、体积或形状需要以一辆或一辆以上货车装运的，均应按整车运输
零担运输	凡不够整车运输条件的货物，即重量、体积和形状都不需要单独使用一辆或一辆以上货车运输的一批货物，除可使用集装箱运输外，还可使用零担运输
集装箱运输	集装箱运输适合于运输精密、贵重、易损的货物。凡适合集装箱运输的货物，都应按集装箱运输

三、铁路机车与车辆

1. 铁路机车

铁路机车用于牵引列车，本身不载运货物。

2. 铁路车辆

铁路车辆是装运货物的工具，它没有动力装置，需要把车辆连挂在一起由铁路机车牵引，才能完成运输任务。常见的铁路车辆有棚车、罐车、平车、冷藏车和漏斗车等，如图3—1 所示。

a)　b)　c)　d)　e)

图 3—1　常见的铁路车辆

a）棚车　b）罐车　c）平车　d）冷藏车　e）漏斗车

四、铁路运输流程

铁路运输流程主要包括提出托运、托运受理、进货和验货、确定货物件数和重量、核收运杂费、货物装车承运、运输途中管理、货物到达领取等内容，如图 3—2 所示。

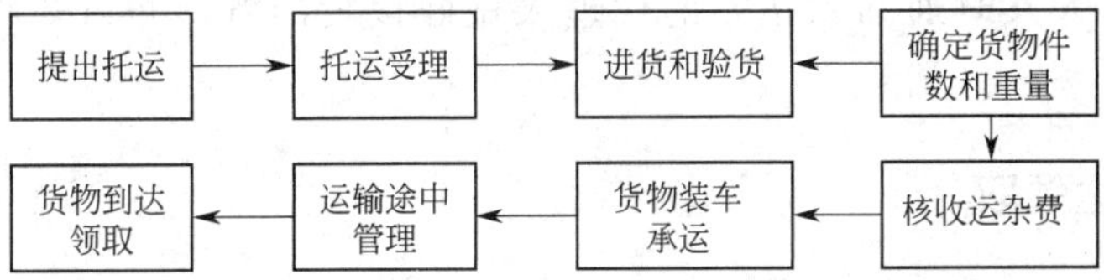

图 3—2　铁路运输基本流程

1. 提出托运

托运人向承运人提出货物运单和运输要求，称为货物的托运。托运人所托运的货物应符合一批货物的要求，不得将不能按一批托运的货物作为一批托运。托运人向车站提出货物运单，即说明货物已准备就绪，随时可以移交承运人。

2. 托运受理

车站对托运人提出的货物运单进行审查，确认符合运输要求后在货物运单上签署货物搬入或装车日期，即为受理。

3. 进货和验货

托运人凭车站签批后的货物运单，按指定日期将货物搬入货场指定的货位，即为进货。验收货物是为了保证货物运输的安全和完整，并划清承运人与托运人之间的责任，若检查疏忽，则可能会使不符合运输要求的货物进入运输过程，造成或扩大货物的损失。

4. 确定货物件数和重量

在铁路运输过程中，保证货物件数和重量的完整是承运人必须履行的义务。因此，货物托运前，承运人应明确货物件数和重量。

5. 核收运杂费

整车货物装车（零担货物过秤、集装箱货物装箱）后，货运员将签收的运单移交货运室填制货票，核收运杂费。

6. 货物装车承运

零担和集装箱运输的货物由发运站接收完毕，整车货物装车完毕，发运站在货物运单上加盖车站日期戳时起，即为承运。

7. 运输途中管理

货物运输途中，承运人应保证运输质量，必要时应进行交接检查和换装整理；货物到达前，承运人及时通知到达站的代理人做好接货准备，并通知收货人及时领取货物。

8. 货物到达领取

收货人凭“领货凭证”和相关证件在到达站领取货物，持加盖“货物交讫”的运单将货物搬出货场。

第二节 铁路运输单据与合同

一、铁路运单的概念

通过铁路运输货物时，在发运站由承运人加盖日期戳签发的运单称为铁路运单，它是铁路承运人收到货物后签发的货物收据，是托运人和收货人同铁路承运人的运输契约，见表 3—3。

铁路运单只是运输合约和货物收据，不是物权凭证，但在托收或信用证支付方式下，托运人可凭运单副本办理托收或议付手续。

表 3—3 铁路货物运单

<table>
<tr><td colspan="4">货物指定于 月 日搬入</td><td colspan="3">××铁路局</td><td>承运人/托运人装车</td></tr>
<tr><td colspan="4">货位：</td><td colspan="3">货物运单</td><td rowspan="2">承运人/托运人施封</td></tr>
<tr><td colspan="7">计划号码或运输号码：</td></tr>
<tr><td colspan="3">运到期限： 日</td><td colspan="4">托运人 发站→到站→收货人</td><td></td></tr>
<tr><td colspan="8"></td></tr>
<tr><td colspan="4">托运人填写</td><td colspan="4">承运人填写</td></tr>
<tr><td>发站</td><td></td><td>到站（局）</td><td></td><td>车种车号</td><td></td><td>货车标重（t）</td><td></td></tr>
<tr><td colspan="2">到站所属省（市、自治区）</td><td colspan="2"></td><td>施封号码</td><td colspan="3"></td></tr>
</table>

<table>
<tr><td colspan="2">领货凭证</td></tr>
<tr><td colspan="2">车种及车号</td></tr>
<tr><td colspan="2">货票第 号</td></tr>
<tr><td colspan="2">运到期限 日</td></tr>
<tr><td>发站</td><td></td></tr>
<tr><td>到站</td><td></td></tr>
<tr><td>托运人</td><td></td></tr>
<tr><td>收货人</td><td></td></tr>
</table>

续表

托运人	名称		经由	铁路货车棚车号码	
	地址			集装箱号码	
收货人	名称		运价里程（km）		
	地址				

货物名称	件数	包装	货物价格（元）	托运人确定重量（kg）	承运人确定重量（kg）	计费重量（kg）	运价号	运价率	运费（元）
合计									

托运人记载事项		承运人记载事项	
注：本单不作为收款凭证。托运人签约须知见背面。	托运人盖章或签字 年 月 日	到站交付日期戳	发站承运日期戳

货物名称	件数	重量（kg）
托运人盖章或签字（已盖章）		
发站承运日期戳		
注：收货人领货须知见背面。		

二、铁路运单的种类和形式

1. 铁路运单的种类

（1）现付运单：黑色印刷。

（2）到付或后付运单：红色印刷。

（3）快运货物运单：黑色印刷，将“货物运单”改为“快运货物运单”字样。

（4）剧毒品专用运单：黄色印刷，并印有剧毒品标志。

2. 铁路运单的形式

铁路运输分为国际铁路联运和国内铁路运输两种方式，前者使用国际铁路联运运单，后者使用国内铁路运单。但是，通过铁路对港澳出口货物时，由于国内铁路运单不能作为对外结汇的凭证，故使用“承运货物收据”这一特定性质和格式的单据。

（1）国际铁路联运运单

国际铁路联运运单是托运人、收货人与铁路之间缔结的运输契约，它规定了铁路与托运人、收货人在货物运送中的权利、义务和责任，对铁路和托运人、收货人都具有法律效力。该运单从始发站随同货物附送至终点站并交给收货人，它不仅是铁路承运货物出具的凭证，也是铁路同货主交接货物、核收运杂费用和处理索赔与理赔的依据。在铁路加盖承运日期戳记后，国际铁路联运运单副本要返还给托运人，它是卖方凭以向银行结算货款的主要单据之一。

通常使用的国际铁路联运运单为一式五联。第一联是运单正本，给收货人；第二联是运行报单，给到达铁路；第三联是运单副本，给托运人；第四联是货物交付单，给到达路站；第五联是货物到达通知单，给收货人。

（2）承运货物收据

承运货物收据是指在对香港、澳门的铁路运输中，承运人收到货物、装上火车并取回铁路证明后签发给托运人的货物收据，是承运人与托运人签订的运输契约证明，托运人据此办理结汇，如图 3—3 所示。

三、铁路运单的填制和使用

1. 铁路运单的填制

（1）货物运单填写要求

每批货物填写一张货物运单，根据栏目要求分别由托运人和承运人填写。填写内容必须翔实正确、文字规范、字迹清楚，不得使用铅笔或红色墨水笔。内容如有更改，在更改处须加盖托运人或承运人印章证明。

1）托运人托运货物时，应向承运人按批提出《铁路货物运输规程》规定格式的货物运单一张。使用机械冷藏列车运输的货物，同一到站、同一收货人可以数批合提一份运单；整车分卸的货物，对每一分卸站应增加两份运单（到达站、收

承运货物收据

CARGO RECEIPT

运编号No. ________

发票号No. ________

合同号No. ________

第一联（凭提货物）

1.委托人 Shipper	2.收货人 Consignee 3.通知 Notify

4.From	Via	To

5.装运日期

6.车号

7.标记	8.件数	9.货物名称	10.附记

11.运费缴付地点 Freight Payable 全程运费在南京付讫 FREIGHT PREPAID AT NANJING	12.请向下列地点接洽提货 香港中国旅行社有限公司 CHINA TRAVEL SERVICE(H.K)LTD CHINA TRAVEL BUILDING 77QUEEN'S ROAD.CENTRAL.HONGKONG

15.××××××公司南京分公司

13.押汇银行签收
Bank's Endorsement

14.收货人签收
Consignee's Signature

图 3—3　承运货物收据

货人各一份）。

2）运单由承运人印制，在办理货运业务的车站按规定的价格出售。运量较大的托运人经始发站同意，可以按照承运人规定的格式自行印制。

3）运单内填写各栏有更改时，更改处属于托运人填记事项，应由托运人盖章证明，更改处属于承运人记载事项，应由车站加盖站名戳记。除《铁路货物运输规程》有规定者外，承运人不得更改托运人填记事项。

4）按一批托运的货物，不能逐一将品名在运单内填记时，须另填物品清单一式三份，一份由始发站存查，一份随同运输票据递交到达站，一份退还托运人，见表 3—4。

表 3—4 物品清单

发站　　　　　　　　　　　　　　　　　　　　　　　　　　　　货票第________号

货件编号	包装	详细内容			件数或尺寸	重量（kg）	价格（元）
		物品名称	材质	新旧程度			
1							
2							
3							
⋮							

（2）托运人填写部分

1）“发站”栏和“到站”栏，应分别按《铁路货物运价里程表》规定的站名完整填记，不得使用简称。“到站（局）”填写到站主管铁路局名称的第一个字，例如“哈”“上”“广”等，但到达北京铁路局的，则填写“京”字。“到站所属省（市、自治区）”栏填写到站所在地的省（市、自治区）名称。托运人填写的到站、到站（局）和到站所属省（市、自治区）三者必须相符。

2）“托运人名称”和“收货人名称”栏应填写托运单位和收货单位的完整名称，如托运人或收货人为个人时，则应填记托运人或收货人的姓名。

3）“托运人地址”和“收货人地址”栏应详细填写托运人和收货人所在省（市、自治区）城镇街道和门牌号码或乡、村名称。如托运人要求到站于货物到达后通过电话通知收货人时，必须将收货人电话号码填写清楚。

4）“货物名称”栏应按《铁路货物运价规则》的要求填写，危险货物则按《铁路危险货物运输管理规则》的要求填写。托运危险货物应在品名之后用括号注明危险货物编号。按一批托运的货物不能逐一将品名在运单内填记时，须另填物品清单一式三份，一份由发站存查，一份随同运输票据递交到站，一份退还托运人。需要说明货物规格、用途、性质的，在品名之后用括号加以注明。对危险货物、鲜活货物或使用集装箱运输的货物，除填记货物的完整名称外，还应按货物性质，在运单右上角用红色墨水书写或用加盖红色戳记的方法，注明“爆炸品”“氧化剂”“毒害品”“腐蚀物品”“易腐货物”“×吨集装箱”等字样。

5）“件数”栏应按货物名称及包装种类分别记明件数，“合计”栏填写该批货物的总件数。承运人只按重量承运的货物，则在本栏填记“堆”“散”“罐”字样。

6）“包装”栏记明包装种类，如“木箱”“纸箱”“麻袋”“条筐”“铁桶”“绳捆”等。按件承运的货物无包装时，填写“无”。对于使用集装箱运输的货物或只按重量承运的货物，本栏可以省略不填。

7）“货物价格”栏应填写该批货物的实际价格，全批货物的实际价格为确定货物保价金额或货物运输保险金额的依据。

8）“托运人确定重量”栏应按货物名称及包装种类分别将货物实际重量（包括包装重量）用千克注明，“合计”栏填记该批货物的总重量。

9）“托运人记载事项”栏填记需要由托运人声明的事项，例如：

①货物状态有缺陷，但不致影响货物安全运输，应将其缺陷具体注明。

②需要凭证明文件运输的货物，应注明证明文件名称、号码及填发日期。

③托运人派员押运的货物，应注明押运员的姓名和证件号码。

④托运易腐货物或“短寿命”放射性货物时，应注明允许运输期限；需要加冰运输的易腐货物途中不需要加冰时，应注明“途中不需要加冰”。

⑤整车货物应注明要求使用的车型、吨位，以及是否需要苫盖篷布。整车货物在专用线卸车的，应注明“在××专用线卸车”。

⑥委托承运人代封的货车或集装箱，应注明“委托承运人代封”。

⑦使用自备货车或租用铁路货车在营业线上运输货物时，应注明“××自备车”或“××租用车”。使用托运人或收货人自备篷布时，应注明“自备篷布×块”。

⑧国外进口危险货物按原包装托运时，应注明“进口原包装”。

⑨笨重货物或规格相同的零担货物应注明长、宽、高等数据，规格不同的零担货物应注明全批货物的体积。

⑩其他按规定需要由托运人在运单内注明的事项。

10）托运人填记运单完毕，并确认无误后，在“托运人盖章或签字”栏盖章或签字。

11）托运人填写领货凭证各栏时（包括印章加盖与签字）应与运单相应各栏记载内容保持一致。

12）货物承运后变更到站或收货人时，由处理站根据托运人或收货人提出的“货物变更要求书”，代为分别更正“到站（局）”“收货人”和“收货人地址”栏填记的内容，并加盖站名戳记。

2. 铁路运单的使用

铁路运单一律以目的地收货人作记名抬头，一式两份。正本随货物同行，到目的地交收货人作为提货通知；副本交托运人作为收到托运货物的收据。托运人对其在运单和物品清单内所填记事项的真实性应负完全责任。

四、铁路货运合同的类型

铁路货运合同是承运人将货物从发站运输至指定地点，托运人或收货人支付运输费用的合同。铁路货运合同的当事人是承运人、托运人与收货人。根据《中华人民共和国合同法》《铁路货物运输合同实施细则》的规定，承托双方必须签订铁路货运合同，有预约合同和承运合同两种。

1. 预约合同

预约合同以“铁路货物运输服务订单”作为合同书，预约合同的签订过程就是订单提报与批准的过程。

（1）订单提报

订单提报的基本流程如下：

1）托运人应于每月 19 日前向铁路部门提报次月的订单，可随时提报。

2）托运人办理整车货物（包括以整车形式运输的集装箱）运输应提出订单（一式两份），与铁路部门联网的托运人可通过网络向铁路部门提报。

3）托运人应正确填写订单内容，要求字迹清楚、不得涂改。

（2）订单审定

订单审定方式有集中审定、随时审定、立即审定等。集中审定是指为编制次月月编计划，对每月 19 日前提报的次月订单进行定期审定；随时审定是指对未列入月编计划的订单进行随时受理、随时审定；立即审定是指对抢险救灾物资等必须迅速运输的货物马上进行审定。

订单审定后，审定结果应及时传输给指定联网点，指定联网点负责及时通知未联网的装车站，装车站负责及时通知托运人。审定后的订单当月有效，不许变更。因铁路原因导致未能按时装车的订单，应在随时审定中给予优先安排。

总之，托运人按要求填写订单并提报或通过网络提报，一旦被审定并通知，则预约合同成立，合同当事人必须履行预约合同的义务和责任。

2. 承运合同

承运合同以货物运单作为合同书。托运人按要求填写货物运单并提交承运人，经承运人审核同意并承运后合同成立，承运人接收货物（车）后，对货物负赔偿责任(除免责范围外)。货物运单是托运人与承运人之间为运输货物而签订的一种货运合同或货运合同的组成部分，既是确定托运人、承运人、收货人之间在运输过程中的权利、义务和责任的原始依据，又是托运人向承运人托运货物的申请书，是承运人承运货物、核收运费、填制货票，以及编制记录和理赔的依据。

零担货物和以零担形式运输的集装箱货物的货物运单也作为货运合同。整车货物和以整车形式运输的集装箱货物的货运合同包括经审定的订单和货物运单。

五、铁路货运合同当事人的义务

1. 托运人应承担的义务

（1）托运人应按照货运合同约定的时间和要求向承运人交付运输的货物。

（2）对于需要包装的货物，托运人应按照国家包装标准或行业包装标准进行包装；对于没有统一规定包装标准的货物，托运人要根据货物性质，在保证货物运输安全的原则下进行包装；货物上应按国家规定标打包装储运图示标志；笨重货物或其包装上应注明货物的重心。

（3）托运按规定需要凭证运输的货物时，托运人应出示有关的证件。

（4）对整车货物，托运人应提供装载货物所需的货车装备物品和货物加固材料。

（5）托运人组织装车前应对车厢的完整性和清洁状态进行检查，并按规定的装载技术要求进行装载，在规定的装车时间内将货物装载完毕或在规定的停留时间内将货车送至交接地点。

（6）对于在运输途中需要特殊照料的货物，托运人必须派人押运。

（7）托运人应向承运人交付规定的运输费用。

（8）托运人应将“领货凭证”及时交给收货人并通知有关收货单位或人员到站领取货物。

（9）对于按保价运输的货物，托运人必须提出货物声明价格清单，支付货物保价费。

（10）托运人托运国家规定必须保险的货物，应投保货物运输险。

2. 承运人应承担的义务

（1）承运人应按照货运合同约定的时间、数量、车种等调拨状态良好、清扫干净的货车。

（2）承运人应负责组织装卸需在车站公共装卸场所装卸的货物（除特定者外）。

（3）承运人应按照合同规定的期限和到站，将承运的货物完整、无损地交给收货人。

（4）由托运人或收货人组织装车或卸车时，承运人应将货车调到装卸地点或商定的交接地点。

（5）由承运人组织卸车时，承运人应向收货人发出到货催领通知。

（6）发现多收运输费用，承运人应及时退还托运人或收货人。

3. 收货人应承担的义务

（1）收货人应缴清托运人在始发站未缴或少缴的费用，以及运送期间发生的运输费用和由于托运人责任发生的垫款。

（2）收货人应及时领取货物，并在规定的免费暂存期限内将货物搬出车站。

（3）由收货人组织卸车时，收货人应当在规定的卸车时间内将货物卸完或在规定的停留时间内将货车送至交接地点。

（4）由收货人组织卸车的货物卸车完毕后，收货人应将货车清扫干净，关好门窗、端侧板、盖、阀，并按规定对货车进行洗刷除污。

六、铁路货运合同当事人责任的划分

1. 承运人赔偿责任范围

从承运货物时起到将货物交给收货人或按照规定移交其他机关、企业时止，承运人对货物在此期间发生的灭失、损坏负赔偿责任。但因下列原因之一造成的灭失、损坏除外：

（1）不可抗力。

（2）货物本身性质引起的碎裂、生锈、减量、变质或自燃等。

（3）货物的合理损耗。

（4）货物包装存在缺陷但承运时无法从外部发现，或者未按国家规定在货物上标打包装储运图示标志。

（5）托运人自装货物，加固材料不符合承运人的规定条件或违反装载规定，交接时无法发现。

（6）押运人未采取保证货物安全的措施。

2. 托运人或收货人的赔偿责任

由于托运人、收货人的责任或押运人有以下过错之一造成铁路运输工具、设备或第三者的货物损失时，托运人或收货人应负赔偿责任：

（1）匿报或错报货物品名或重量。

（2）货物包装存在缺陷但承运时无法从外部发现，或者未按国家规定在货物上标打包装储运图示标志。

（3）托运人自装货物，加固材料不符合承运人的规定条件或违反装载规定，交接时无法发现。

3. 明确承托双方的责任

托运人、收货人应按有关规定与承运人办理交接手续，明确双方责任。

（1）凭封印交接的货物

1）由托运人装车、承运人卸车的货物，封印完整而货物发生货损、货差，除能证明属承运人责任的外，由托运人负责；封印脱落、损坏，发生货损、货差，除能证明属托运人责任的外，由承运人负责。

2）由承运人装车、收货人卸车的货物，封印完整时，收货人应会同承运人共同拆封，如果发生货损、货差，或者封印脱落、损坏而发生货损、货差，除能证明属托运人或收货人责任的外，由承运人负责。

（2）凭现状或件数交接的货物

由托运人装车、承运人按现状或件数接收的货物，如发生货损、货差由承运人负责。但是，对在交接时无法从外部发现的货损、货差，除能证明属承运人责任的外，由托运人或收货人负责。

第三节　铁路运输费用核算

一、铁路货物运价

1. 按适用范围分类

（1）普通运价

现行铁路的整车货物、零担货物、集装箱货物、保温车货物运价都属于普通运价，它是计算运费的基本依据。

（2）优待运价

优待运价是对某些单位运输的一些货物或对于不同的托运人运送给某些单位的货物而规定的低于普通运价的一种运价。

（3）国际联运运价

国际联运运价是指对铁路国际联运的货物所规定的运价，国际铁路联运货物国内段的运输费用按《铁路货物运价规则》的规定执行。

（4）地方运价

地方运价是地方铁路部门经上级批准对某些管内支线或地方铁路所规定的运价。

2. 按货物运输种类分类

（1）整车货物运价

整车货物运价是《铁路货物运价规则》中规定的按整车运送的货物的运价，由按货种别的每吨的发到基价和每吨千米或每轴千米的运行基价组成。

（2）零担货物运价

零担货物运价是《铁路货物运价规则》对按零担运送的货物所规定的运价，由按货种别的每 10 kg 的发到基价和每 10 kg · km 的运行基价组成。

（3）集装箱货物运价

集装箱货物运价是《铁路货物运价规则》对按集装箱运送的货物所规定的运价，由每箱的发到基价和每箱千米的运行基价组成。

我国现行铁路货物运价是将运价设立为若干个运价号，即实行分号运价制。整车货物运价为九个号（1～9 号）；保温车货物运价按冰保车和机保车两类来确定，相当于两个运价号；零担货物运价分为四个号（21～24 号）；集装箱货物运价按箱型不同进行确定。

二、铁路运费的计价标准

1. 运价里程

按《铁路货物运价里程表》计算发站至到站的运价里程。

2. 运价号

从《铁路货物运输品名分类与代码表》和《铁路货物运输品名检查表》查询该品名的适用运价号。常用大宗货物的运价号见表 3—5。

表 3—5　　常用大宗货物的运价号

代码			货物品类	运价号		代码			货物品类	运价号	
				整车	零担					整车	零担
01			煤			03			焦炭		
01	1	0	原煤	4	21	03	1	0	焦炭	5	21
01	2	0	洗精煤	5	21	03	2	0	沥青焦、石油焦	5	24

续表

代码			货物品类	运价号		代码			货物品类	运价号	
				整车	零担					整车	零担
01	3	0	块煤	4	21	04	1	0	铁矿石	3	21
01	4	0	洗、选煤	4	21	04	9	0	其他金属矿石	4	21
01	5	0	水煤浆	4	21	05			钢材及有色金属		
01	9	0	其他煤	4	21	05	1	0	生铁	4	21
02			石油			05			其他钢材	5	21
02		0	原油及其他	6	22	08	9	7	煤矸石	4	21

3. 运价率

铁路货物运价率见表 3—6。

表 3—6　　　　铁路货物运价率

办理类别	货价号	基价 1		基价 2	
		单位	标准	单位	标准
整车	2	元 / t	9.50	元 / t · km	0.086
	3	元 / t	12.80	元 / t · km	0.091
	4	元 / t	16.30	元 / t · km	0.098
	5	元 / t	18.60	元 / t · km	0.103
	6	元 / t	26.00	元 / t · km	0.138
	7	—	—	元 / 轴 · km	0.525
	机械冷藏车	元 / t	20.00	元 / t · km	0.140
零担	21	元/10 kg	0.220	元/10 kg · km	0.001 11
	22	元/10 kg	0.280	元/10 kg · km	0.001 55
集装箱	20 英尺箱	元 / 箱	500.00	元 / 箱 · km	2.025
	40 英尺箱	元 / 箱	680.00	元 / 箱 · km	2.754

4. 计费重量

整车是以吨为单位，吨以下四舍五入；零担是以 10 kg 为单位，不足 10 kg 进为 10 kg；集装箱是以箱为单位。每项运费的尾数不足 1 角时，按四舍五入处理；每项杂费不满 1 个计算单位，均按 1 个计算单位计算，零担货物的起码运费不低于每批 2 元。

三、铁路运输费用

1. 基本运费

（1）基价 1

基价 1 就是每次发货每吨货物的基本价，不含里程。

（2）基价 2

基价 2 是每吨货物每运 1 km 的价格。

（3）铁路建设基金

铁路建设基金是指经国务院批准征收的用于铁路建设的政府性基金。

（4）新路新价均摊运费

铁路建设中新建线路不断增加，为了既体现国家实行新路新价的原则，又方便计算运费，凡经国家铁路运输的货物，发站至到站国铁正式营业线和实行统一运价的运营临管线的运价里程，均按《新路新价均摊运费核收办法》的规定收取新路新价均摊运费。

2. 附加费用

（1）电力附加费

凡货物运输中途经过电气化区段时，均按《铁路电气化附加费核收办法》的规定收取电力附加费。

（2）京九、京广分流附加费

凡货物运输途经京九、京广分流（含横麻、津霸联络线）时，均按规定收取分流附加费。

（3）印花税

铁路运费属于印花税税率税目表中的货物运输，按运输费用的 0.5 ‰ 计提印花税，运费不足 200 元时不计此项费用。

（4）中转技术作业费

整车货物每满 250 运价千米，核收一次货车中转技术作业费。

（5）取送车费

不在专用线或专用铁路装车的不计此项费用。

四、铁路运费计算公式

1. 货物单位重量的运费计算公式

整车货物每吨运价＝发到基价＋运行基价×运价千米

零担货物每 10 kg 运价＝发到基价＋运行基价×运价千米

集装箱货物每箱运价＝发到基价＋运行基价×运价千米

2. 铁路建设基金计算公式

铁路建设基金＝费率×计费重量（箱数或轴数）×运价里程

3. 新路新价均摊运费计算公式

新路新价均摊运费＝均摊运价率×计费重量（箱数或轴数）×运价里程

4. 电力附加费计算公式

电气化附加费＝费率×计费重量（箱数或轴数）×电化里程

5. 京广(京九)分流附加费计算公式

京广（京九）分流附加费＝费率×计算重量×运价里程

6. 加收运费

加收运费＝发到运费＋运行运费＝发到基价×计费重量＋（运行基价＋加收运价率）×运价里程×计费重量

五、铁路运费规定

铁路货物运输费用一般由铁路运输企业使用“货票”和“运费杂费收据”核收。托运人、收货人要求承运人退还多收运输费用时，必须提供货票丙联或运费杂费收据。要求承运人支付货物运到逾期违约金时，必须提供货物运单和货物全部搬出货场实际时间的证明。

承运人与托运人或收货人相互间要求退补费用的有效期限为 180 日，要求承运人支付违约金的有效期限为 60 日。每批货物发生退补的款额不足 5 元（零担货物每批不足 1 元）时，互不退补、互付或核收。个人托运的搬家货物、行李不受以上规定款额的限制。

【例题】 现有须采用铁路运输的由太原北站发往麻城站的原煤一车，共 60 t，试核算这批货物的运输费用。

答：

1. 确定运价里程

根据最短径路查算出太原北至麻城的运价里程、电气化区段里程、京九分流里程、加价段里程、不加价段里程。

最短径路：太原北→修文→长治北→月山→新乡→郑州北→孟庙→漯河→横店→麻城。

(1) 查算太原北至麻城的运价里程

太原北至郑州北 580 km，郑州北至横店 494 km，横店至麻城 82 km。太原北至麻城的运价里程为：580＋494＋82＝1 156 km。

(2) 查算电气化区段里程

太原北至榆次 34 km，长治北至月山 153 km，新乡至横店 568 km。电气化区段里程为：34＋153＋568＝755 km。

(3) 查算京九分流里程

京九分流段里程即经京广线段的里程，新乡至横店正好是京广线段，因此京九分流里程即为 568 km。

(4) 查算加价段里程和不加价段里程

横麻线属于加收运费的线路，其里程为 82 km，再算出不加价段的里程为：1 156－82＝1 074 km。

2. 确定适用的运价号

查询《铁路货物运输品名分类与代码表》可知，原煤的代码为 29012，属于 01 类 202 项，整车运价号为 4 号。

3. 确定适用的运价率

根据货物适用的运价号，查阅《铁路货物运价率表》获得原煤的运价率，即基价 1 和基价 2 分别为 16.3 元和 0.098 元/t·km。

4. 确定附加费率

根据《铁路电气化附加费核收办法》和《新路新价均摊运费核收办法》分别确定原煤的铁路电力附加费费率为 0.012 元/t·km（整车货物），新路新价均摊费率为 0.011 元/t·km（整车货物）。

5. 确定计费重量

经审核，该批货物的计费重量为 60 t。

6. 计算车辆总费用

(1) 运费＝（基价 1＋基价 2×运价里程）×计费重量

＝（16.3＋0.098×1 074）×60＝121.552×60＝7 293.12 元

（2）新路新价均摊运费＝均摊运价率×计费重量×运价里程

＝0.011×60×1 074＝708.84 元

（3）铁路建设基金＝费率×计费重量×运价里程

＝0.033×60×1 074＝2 126.52 元

（4）电力附加费＝费率×计费重量×运价里程

＝0.012×60×755＝543.6 元

（5）京九分流附加费＝费率×计费重量×运价里程

＝0.006×60×568＝204.48 元

（6）发到运费＝基价 1×计费重量＝16.3×60＝978 元

运行运费＝（基价 2＋加收运价率）×运价里程×计费重量

＝（0.098＋0.039）×82×60＝674.04 元

加收运费＝发到运费＋运行运费＝978＋674.04＝1 652.04 元

（7）中转技术作业费

按照《铁路货物运价规则》的规定，并查阅《铁路货运营运杂费费率表》可知，货车中转技术作业费为 0.05 元/t（每满 250 km）。

根据全程 1 156 km 来计算，取整得到按照 4 个 250 km 计算中转技术作业费，即本批货物中转技术作业费为 0.05×4×60＝12 元。

（8）印花税

印花税按运费的 0.5‰计算。

注意事项：计算印花税需要明确运费的概念，这里所说的运费是指每吨运价×计费重量所得出的数据，即整车运费＝（基价 1＋基价 2×运价里程）×计费重量。

在本例中，运费 7 293.12 元和加收运费 1 652.04 元都必须缴纳印花税，故该车印花税应为（7 293.12＋1 652.04）×0.000 5＝4.472 5≈4.47 元。

将上述各项运费相加求和可得，车辆总费用为 12 545.07 元。

第四节　铁路运输业务

一、整车运输

一批货物的重量、体积、性质或形状需要一辆铁路货车装运（集装箱装运除外），这种运输方式称为整车运输。

1. 办理整车运输的条件

凡一批货物的重量、性质、体积、形状需要以一辆或一辆以上铁路货车装运的，均按整车运输条件运输。

2. 整车分卸、途中作业、站界内搬运

托运人托运同一到站的货物数量不足一车而又不能按零担办理时，要求将同一线路上两个或最多不超过三个到站的货物合装一车时，按整车分卸办理。

货车装车或卸车地点不在公共装卸场所，而在相邻两个车站站界间的铁路沿线时称为途中作业。

装车和卸车地点不跨及两个车站或不越过装车地点车站的站界，这种运输称为站界内搬运。

整车分卸和途中作业只限按整车托运的普通货物。危险货物不办理站界内搬运和途中作业。托运人要求途中作业和站界内搬运时，必须在月度要车计划（铁路运输服务订单）上注明，经铁路方批准后方可办理。

3. 特种货物的铁路运输

特种货物铁路运输（见图 3—4）一般按整车运输特殊要求办理。

图 3—4　特种货物铁路运输

在铁路运输中，凡具有爆炸、易燃、毒害、腐蚀、放射性等特性，在运输、装卸和储存保管过程中，容易引起人身伤亡和财产毁损而需要特别防护的货物，均属危险货物。危险货物的品名、包装、标志、运输限制、托运手续、装卸车要求均按《铁路危险货物运输管理规则》的规定办理。

鲜活货物（包括易腐货物和活动物）的铁路运输也需按法律法规的规定办理。

易腐货物按其热状态又有冻结货物、冷却货物和未冷却货物之分。易腐货物与非

易腐货物不得按一批运输，不同热状态的易腐货物不得按一批运输。托运人托运冻结状态或冷却状态的易腐货物应使用冷藏车运输。使用冷藏车运输易腐货物时，货物运单上须注明“途中制冷”“加冰”或“不加冰”字样。

托运鲜活植物、活动物沿途需要上水时，托运人需派人押运并在货物运单上注明上水站站名，承运人免费供水，上水用具由托运人或押运人自备。

蜜蜂在运输途中不办理放蜂，不办理变更到站。

4. 铁路运输中必须按整车办理的货物

一批货物的重量、体积或形状需要以一辆以上货车运输的，应按整车托运。必须按整车运输办理的货物还有：需要冷藏、保温或加温运输的货物；规定限按整车办理的危险货物；易污染其他货物的污秽品，如未经过消毒处理或未使用密封不漏包装的牲骨、湿毛皮、粪便、炭黑等；蜜蜂；不易计算件数的货物；未装容器的活动物（铁路部门依法规定的可按零担运输的除外）；到站无起重能力，而一件货物重量超过 2 t，体积超过 3 m^3 或长度超过 9 m 的货物。

二、零担运输

一批货物的重量、体积、性质或形状不需要一辆铁路货车装运（集装箱装运除外），这种运输方式称为零担运输。铁路零担运输是主要的铁路运输方式之一。零担运输需凑整车，因而速度慢，为克服这一缺点，已发展出定路线、定时间的零担班车。

1. 办理零担货物运输的条件

凡不够整车运输条件的货物，可按零担货物托运。零担货物一件体积不得小于 0.02 m^3，但一件重量在 10 kg 以上时，则不受最小体积限制。零担货物每批件数不得超过 300 件。

2. 个人托运物品

个人托运物品按《个人物品运输办法》的规定办理。个人托运物品中禁止夹带金银珠宝、文物字画、贵重物品、有价证券、货币凭证和危险货物。

个人托运的物品除按规定拴挂货签、涂写与货签相同的标志、标记外，还必须在有包装的件内放入写有与货物运单记载一致的到达站、收货人名称地址的字条。

3. 不得按零担货物托运的货物

（1）需要冷藏或加温运输的货物。

（2）规定限按整车办理的货物（使用铁路批准的爆炸品保险箱运输的除外）。

（3）易于污染其他货物的污秽品（经过卫生处理不致污染其他货物的除外）。

（4）不易计算件数的货物。

（5）未装入容器的活动物（铁路部门允许的除外）。

（6）一件重量超过 2 t、体积超过 3 m^3 或长度超过 9 m 的货物（始发站认为不会影响中转站或到站卸车作业的除外）。

（7）蜜蜂。

零担货物一般在公共作业场所组织运输，专用线、专用铁路内组织直达整装零担，必须与铁路部门协商并签订运输协议后办理。

三、集装箱运输

铁路集装箱运输如图 3—5 所示。

图 3—5 铁路集装箱运输

1. 集装箱箱型分类

集装箱按载重不同可分为 1 t 箱、5 t 箱、10 t 箱，按规格尺寸不同可分为 20 英尺箱、40 英尺箱，按用途不同可分为通用集装箱、专用集装箱。通用集装箱适用多种普通件杂货的运输，专用集装箱适用某种状态或特殊性质货物的运输。集装箱按所有人不同，可分为铁路集装箱、自备集装箱。

2. 适用集装箱运输的货物

通用集装箱以装运贵重、易碎和怕湿货物为主，如家电、仪器、仪表、小型机械、玻璃陶瓷、建材、工艺品、文化体育用品、医药、卷烟、酒、食品、日用品、化工产品、针纺织品、小五金和其他适合集装箱运输的货物。

3. 不适用集装箱运输的货物

不能使用集装箱运输的货物包括易污染和腐蚀箱体的货物、易损坏箱体的货物、鲜活货物和危险货物。专用集装箱分别用于特殊性质的液体、汽车或需要通风冷藏的货物的运输。

4. 集装箱货物运输条件

托运人托运集装箱货物时，应按批提出货物运单和铁路货物运输服务订单，集装箱总重之和不得超过允许载重，铁路集装箱与自备集装箱不得按一批办理。集装箱装箱由托运人负责，使用前必须检查箱体状态，箱体不良时，应要求承运人更换。装箱后，由托运人施封。集装箱掏箱由收货人负责，托运人、收货人也可委托承运人承担装、掏箱作业。集装箱掏空后应清扫干净、关闭箱门，有污染的应进行洗刷。使用自备集装箱时，收货人同时领取自备集装箱与货物。需要向始发站回送的，收货人在领取时填写相关证明文件，经到达站签认，在 30 日内向始发站回送，承运人核收回送运费。承运人利用回送的自备集装箱运货物至回送的到达站时，免收回送运费。

5. 集装化用具管理

集装化用具原则上由托运人、收货人自备。铁路部门根据为集装化运输服务的原则，也可准备一部分用具，采取出租方式供托运人、收货人使用。集装化用具需要回送时，车站根据运单记载的“集装化运输”戳记和按《铁路货物运输规程》规定签发的相关证明文件办理回送，并按《铁路货物运价规则》规定费率核收运费。

四、铁路快运货物运输

为加快货物运输，提高货物运输质量，适应经济发展的需要，铁路部门开办了快运货物运输（简称“快运”），在全路的主要干线上开通了快运货物列车。

按整车运输、集装箱运输或零担运输的货物，除不宜按快运办理的煤、焦炭、矿石等品类的货物外，托运人都可以要求铁路按快运办理，经发送铁路部门同意并切实做好快运安排，货物即可按快运货物运输。

托运人按快运办理的货物应在“铁路货物运输服务订单”内用红笔注明“快运”字样，经批准后，向车站托运货物时，必须提出快运货物运单，由车站填写快运货票。

五、班列运输

为了适应市场经济发展的需要，向社会提供优质服务，铁路部门开展了货运五定班列（简称“班列”）运输。班列运输是指铁路部门开行的发行站间直通，运行路线和车次全程不变，发到日期和时间固定，实行以列、组、车或箱为单位报价包干办法，即定点、定线、定车次、定时、定价的货物列车。

班列按其运输内容分为集装箱货物班列（简称“集装箱班列”）、鲜活货物班列（简称“鲜活班列”）、普通货物班列（简称“普通班列”）。班列的开行周期实行周历，按每周开行。

1. 班列运输的运到期限

班列运输的运到期限按列车开行天数（始发日和终到日不足 24 h 按 1 天计算）加 2 天计算，运到期限自班列始发日开始计算。

2. 班列运输的特点

（1）班列运行速度双线区间为 800 km/天以上，单线区间为 500 km/天以上，运行速度较快。

（2）手续简便，托运人可在车站一个窗口一次办理好手续。

（3）运输费用由铁路部门统一组织测算并公布，除此之外，不得收取或代收任何其他费用，透明度高。

（4）班列在运输组织上实行“五优先”和“五不准”。“五优先”即优先配车、优先装车、优先挂运、优先放行、优先卸车。“五不准”即除特殊情况报铁路部门批准外，不准停限装、不准分界口拒接、不准保留、不准途中解体、不准变更到站。

技能训练

新疆某种子站 2018 年 3 月 18 日与乌鲁木齐火车站签订了一份运输合同，将 60 t 玉米种子交给乌鲁木齐火车站运往郑州北站，收货人为河南省沈丘县某种子公司。乌鲁木齐车站 2018 年 3 月 18 日承运，调拨车号为 P3041493，重量是 60 t，编织袋包装计 1 200 件，每件 50 kg，货物价格 12 万元。装车后始发站施封两枚，封号为 00977、00978，托运人当即支付全部运杂费用。请填制铁路货物运单。

货物运单式样

承运人/托运人装车
承运人/托运人施封

货物指定于　月　日搬入　　××铁路局

货　　位：　　　　　**货　物　运　单**

计划号码或运输号码：

运到期限：　　日　　托运人　发站 → 到站 → 收货人　　货票第　　号

托运人填写					承运人填写				
到站		到站（局）			车种车号				货车标重
到站所属省（市、自治区）					施封号码				
托运人	名称		邮政编码		经由	铁路货车棚车号码			
	住址		电话		运价里程	集装箱号码			
收货人	名称		邮政编码						
	住址		电话						
货物名称	件数	包装	货物价格	托运人确定重量	承运人确定重量	计费重量	运价号	运价率	运费
合计									
托运人记载事项		保险			承运人记载事项				
注：本单不作为收款凭证，托运人签约须知见背面。			托运人盖章或签字　年　月　日		到站交付日期			发站承运日期	

领货凭证	
车种及车号	
货票第　　号	
运到期限　　日	
发站	
到站	
托运人	
收货人	
货物名称	
托运人盖章或签字	
发站承运日期	
注：收货人领货须知见背面。	

货物运单背面

收货人领货须知：	托运人须知：
1. 收货人接到托运人寄交的领货凭证后，应及时向到站联系领取货物。 2. 收货人领取货物已超过免费暂存期限时，应按规定支付货物暂存费。 3. 收货人在到站领取货物，如遇货物未到时，应要求到站在本证背面加盖车站日期戳证明货物未到。	1. 托运人持本货物运单向铁路托运货物，证明并确认和愿意遵守铁路货物运输的有关规定。 2. 货物运单所记载的货物名称、重量与货物的实际完全相符，托运人对其真实性负责。 3. 货物的内容、品质和价值是托运人提供的，承运人在接收和承运货物时并未全部核对。 4. 托运人应及时将领货凭证寄交收货人，后者凭此向到站联系领取货物。

思考练习题

1. 铁路运输有哪些优缺点?

2. 铁路运输的类型有哪些?

3. 铁路运输的基本流程是什么?

4. 铁路运输合同的主要内容有哪些?

5. 铁路运费的规定是什么?

6. 铁路运输中哪些货物必须按整车运输办理?

7. 什么是班列运输?

8. 2018 年 7 月 19 日，华宇煤炭公司和山西大同铁路部门签订了一份货物运输合同，运输一批煤炭，发站是大同站，收货人是成都某公司，到站是成都站。7 月 22 日，大同铁路部门拨付 20 辆货车，由华宇煤炭公司在专用线上自行装车，铁路部门提供篷布。请根据上述信息计算这批煤炭的运输费用。

第四章　水路运输

第一节　水路运输概述

一、水路运输的特点

1. 水路运输的优点

（1）运能较大，通用性较强，适合客货运输。
（2）运输成本低，能以最低的单位运输成本提供最大的货运量。
（3）平均运输距离长，可以越洋运输大宗货物。

2. 水路运输的缺点

（1）受自然气候条件因素影响大，因而一年中的中断运输时间较长。
（2）营运范围受到航道限制，如果没有天然航道则无法运输。
（3）运送速度慢，准时性较差，航行风险大，安全性低，增大了经营风险。
（4）装卸作业量较大，搬运装卸费用较高。

二、水路运输概况

1. 我国水路运输概况

我国发展水路运输的自然条件十分优越，大陆海岸线长 18 000 多千米，岛屿海岸线长 14 000 多千米，天然河流 5 800 多条，总长 430 000 多千米，有湖泊 900 多个。

我国的著名港口有上海港、深圳港、青岛港、宁波—舟山港、广州港、天津港等，见表4—1。

表 4—1　　我国著名港口

港口名称	简要介绍
上海港	上海港位于长江三角洲前缘，地处长江东西运输通道与海上南北运输通道的交汇点，是我国沿海的主要枢纽港，每年完成的外贸吞吐量占全国沿海主要港口的20%左右
深圳港	深圳港位于广东省，在珠江三角洲南部，珠江入海口东岸，毗邻香港
青岛港	青岛港位于山东半岛南部的胶州湾内，港内水域宽深，四季通航，港湾口小腹大，是我国著名的优良港口，主要由大港、中港、黄岛油港和前湾港组成
宁波—舟山港	宁波—舟山港由北仑港区、镇海港区、宁波港区、大榭港区、穿山港区等组成，是一个集内河港、河口港和海港于一体的多功能、综合性的现代化深水大港
广州港	广州港历史悠久，港区划分为内港、黄埔、新沙和南沙四大港区和珠江口锚地，拥有一批设施先进的大型集装箱、煤炭、粮食、石油和化工等专业化深水码头，以及华南地区最大的滚装船码头
天津港	天津港是我国华北、西北和京津地区的重要水路交通枢纽

2. 世界水路运输概况

世界水路运输蓬勃发展，洲际运输通过海运航线有序进行，世界主要港口有德国的汉堡港、荷兰的鹿特丹港、比利时的安特卫普港、韩国的釜山港、日本的神户港等，见表 4—2。

表 4—2　　世界著名港口

港口名称	简要介绍
汉堡港	汉堡是德国最大的港口，港区面积 100 km^2，码头全长 65 km，共有 500 多个泊位，大小码头 63 个。该港港口设备现代化，泊港作业时间短，素有“快港”美称
鹿特丹港	在荷兰，鹿特丹几乎就是港口的代名词，鹿特丹港港区面积 80 多平方千米，江轮码头岸线长 33.6 km，总泊位 656 个，航道最大水深 22 m，港口年吞吐量超过 5 亿吨
安特卫普港	安特卫普港地处斯海尔德河下游，是比利时最大的海港，欧洲第三大港。该港港区总面积 106 km^2，海岸线总长 99 km
釜山港	釜山港地处朝鲜半岛东南部，隔朝鲜海峡与日本福冈、北九州等地相望，为韩国重要的枢纽港口
神户港	神户港是日本关西地区最重要的港口，每年进出的船舶总数约 9 万艘，港区呈扇形，面积达 10 km^2，年吞吐量为 1 亿多吨

三、水路运输的基本条件

1. 水路运输船舶

水路运输以船舶为主要运输工具。

（1）货船的分类

货船的分类见表 4—3。

表 4—3　　货船的分类

货船	分类	说明
干货船	杂货船	杂货船是用于载运各种包装、桶装以及成箱、成捆等件杂货的船舶
	集装箱船	集装箱船是以载运集装箱为主的专用运输船舶，外形瘦长，通常设置单层甲板，设有巨大的货舱口，上甲板平直，货舱内部和甲板上均可装载集装箱
	散货船	散货船是指专门用于载运粉末状、颗粒状、块状等非包装类大宗货物的运输船舶，包括普通散货船、专用散货船、兼用散货船和特种散货船等
干货船	滚装船	滚装船是把装有集装箱及其他件杂货的半挂车或装有货物的带轮子的托盘作为货运单元，由牵引车或叉车直接进出货舱进行装卸的船舶
	载驳船（子母船）	载驳船是一种用来运送载货驳船的运输船舶，各种货物或集装箱装到规格统一的驳船上，驳船在港内（码头或锚地）装完货后，用起重设备装到母船上，母船把驳船运至目的地后，卸下驳船，驳船可被拖运至母船无法航行的航道和无法停靠的码头来运送货物
	冷藏船	冷藏船是指使易腐货物处于冻结状态或某种低温条件下进行载运的专用船舶，冷藏舱温度范围为－25～15℃，可以根据不同货种选择适宜的温度
液货船	油轮	油轮是专门用于载运散装石油及成品油的液货船，一般分为原油船和成品油船两种
	液化气船	液化气船是专门装运液化气的液货船，船上装有特殊的高压液舱，分为液化天然气船和液化石油气船
	液体化学品船	液体化学品船是专门载运各种液体化学品（如醚、苯、醇、酸等）的液货船
驳船、推船和拖船		驳船是内河运输货物的主要运载工具，本身一般无推进动力装置，依靠推船或拖船等机动船带动形成船队运输；推船是用以顶推驳船或驳船队的机动船，有强大的功率和良好的操纵性能；拖船是专门用于拖曳其他船舶、船队、木排或浮动建筑物的工具，是一种多用途的工作船，与推船一样具有强大的功率和良好的操纵性能

（2）运输船舶的主要性能

1）船舶航行的性能。船舶为了完成运输生产任务，经常在各种海况、气候等航行条件极为复杂的情况下工作，因此，船舶必须具有良好的航行性能，以保证航行安全。

船舶的航行性能主要包括浮性、稳性、抗沉性、快速性、适航行和操纵性。

2）船舶的重量性能。运输船舶的重量性能包括船舶的船舶排水量和载重量，计量单位以吨（t）表示。

① 船舶排水量。船舶排水量指船舶浮于水面时所排开的水的重量，它也等于船身的总重量。

② 船舶载重量。船舶载重量是指船舶运输货物的能力，分为总载重量和净载重量。总载重量是指在任一水线下，船舶所允许装载的最大重量。它是货物或旅客、燃料、淡水、粮食、供应品、船用备品、船员、行李和船舶常数等重量的总和。船舶总载重量等于相应该吃水深度时的船舶排水量减去空船重量。船舶净载重量是指船舶所能装载的最大限度的货物重量。船舶净载重量等于船舶总载重量减去燃料、淡水、粮食、供应品、船用备品、船员、行李和船舶常数后的重量，也是总载重量中能够盈利的那部分重量。

③ 船舶载重线标志。为了保证运输船舶能够在各种航行条件下安全行驶，同时又能最大限度地利用船舶的载重量，国家验船机构或其他国家勘定干舷的主管机关根据船舶航行于不同航区和季节，分别规定船舶的最小干舷和允许使用的载重水线，即船舶的载重线。它用载重线标志的形式勘绘在船中两舷外侧，以限制船舶的最大吃水量。

3）船舶的容积性能。船舶容积性能包括货舱容积和船舶登记吨位。

① 货舱容积。货舱容积是对船舶货舱内部空间大小的度量，分为有形容积、散装容积和包装容积三种。有形容积是货舱的理论容积，即不包括外板、货舱内的骨架等在内，丈量所得到的货舱内部总容积。散装容积是货舱内能够装载散货（如散粮、矿砂、煤炭、盐等）的容积，是有形容积中扣除骨架等所有容积后的容积，它包括船舶两舷壳板内缘、舱底板、舱盖板和横舱壁包围的容积并扣除肋骨、支柱和横梁所占的容积。包装容积是货舱内能够装载包装件货的货舱容积，是有形容积中扣除骨架及骨架间容积后的容积，一般为散装容积的90%～96%。

可以将船容系数与货物的积载因数相比较，判断船舶适宜于装重货还是轻货。船容系数越大，船舶越适宜于装轻货；反之，则适宜于装重货。

② 船舶登记吨位。船舶登记吨位是指按船舶吨位丈量规范的有关规定丈量所得到的内部容积，是为船舶注册登记而规定的一种以容积折算的专门吨位，分为总吨位和净吨位两种。总吨位是对船舶所有围蔽处所进行丈量计算后确定的吨位。总吨位一般用于表示船舶的大小等级，作为国家统计船舶数量的单位，作为计算造船、买卖船舶及租船费用的依据，作为船舶登记、检验、丈量的收费标准和计算海损事故赔偿的基准，以及计算净吨位的依据等。净吨位是指对船舶能够实际营运的载货（客）处所进行丈量计算后得出的吨位。一般作为船舶向港口缴纳各种费用和税收（如停泊费、引航费、拖带费及海关税）等的依据，或作为计算航经苏伊士运河和巴拿马运河时的船舶通行税的依据等，各运河都有自己的计算方法。

4）船舶的航行速度。船舶的航行速度简称航速，是指船舶在航行时，相对于陆地或水在单位时间内所能航行的距离。

运输船舶的速度性能包括试航航速和服务航速。拖船的航速分为拖曳航速和自由航速。船舶航速常用的单位为节（kn），即海里/时（n mile/h），1 海里＝1.852 千米。试航航速是船舶试航时测得的航速。服务航速也称为常用航速或营运航速，是指运输船舶在平时营运时所达到的航速。服务航速是一个平均值，通常比试航航速小 0.5～1 节。

5）船舶的装卸性能。船舶的装卸性能一般会影响到船舶的装卸效率，它随货舱的布置、船体结构及装卸设备的不同而不同。货舱布置包括船舶货舱数量、舱口尺度、舱口数、货舱位置、货舱容积的不平衡性等，这些都影响船舶的装卸性能，进而影响船舶的装卸效率。船体结构对船舶装卸性能的影响主要涉及货舱结构、甲板层数等。装卸设备的形式、数量、技术性能（包括起货设备的起重量、工作幅度、起升高度、起升速度、旋转速度、变幅速度，带式输送机的输送量，油泵的输油量等）对船舶的装卸效率起着决定性作用。装卸设备的技术性能越好，数量越多，船舶的装卸效率越高。

2. 水路运输航道

现代的水上航道已经不仅仅是指天然的航道，而是包括天然航道、人工航道、进出港航道，以及保证航行安全的航行导标系统和现代通信导航系统在内的工程综合体。

（1）海上航道

海上航道属于自然水道，它的通行能力几乎不受限制。但是，随着现代船舶吨位的不断增加，有些海峡或狭窄水道会对通航船舶产生一定的限制。以位于新加坡、马来西亚和印度尼西亚之间的马六甲海峡为例，为确保航线安全，防止海域污染，三国限定通航的油船吨位不得超过 22 万吨，龙骨下水深必须保持在 3.35 m 以上。

（2）内河航道

内河航道大部分是利用天然水道加上引航的导标设施构成的。船舶航行应了解有关航道的一些主要特征，如航道的宽度、深度、弯曲半径、水流速度、过船建筑物尺度，以及航道的气象条件和地理环境等，另外，还必须掌握以下的通航条件。

1）通航水深，其中包括潮汐变化、季节性水位变化、枯洪期水深等。

2）通行时间，其中包括是否全天通行、哪些区段不能夜航等。

3）通行方式，应该了解航道是单向过船还是双向过船等。

4）通行限制，应该了解有无固定障碍物（如桥梁或水上建筑等）和活动障碍物（如施工船舶或浮动设施等）。

（3）人工航道

人工航道又称为运河，是由人工开凿的主要用于船舶通航的河流。国际航运中，主要的人工航道有苏伊士运河、巴拿马运河等。应该掌握这些著名运河航道的自然条件，如通航水深、通航船舶尺度限制、通行时间及通行方式等。

1）苏伊士运河通航水深为 16 m，通航最大的船舶为满载 15 万吨或空载 37 万吨的油船，通行方式为单向成批发船或定点会船，通行时间为 10～15 h。

2）巴拿马运河通航水深为 13.5～26.5 m，6 万吨级以下或宽度不超过 32 m 的船只可以通行，通行时间为 16 h 左右。

3. 水路运输港口

港口是具有水陆联运设备和条件、供船舶安全进出和停泊的运输枢纽。它是水路交通的集结点和枢纽，是工农业产品和外贸进出口物资的集散地，是停泊船舶、装卸货物、上下旅客、补充给养的场所。一个现代化的港口一般也是城市海、陆、空交通运输的枢纽，是综合运输体系的中心。

（1）港口的种类

港口按地理位置不同，可分为海湾港、河口港和内河港；按目的用途不同，可分为存储港、转运港和经过港。

（2）港口的通过能力

港口的通过能力是指一定时期和条件下，利用现有的工人、装卸设备和装卸工艺所能装卸货物的最大数量。国际航运管理人员应了解和掌握的港口通过能力数据包括以下几个方面：

1）港口水域面积。港口水域面积主要指该港口同时能接纳船舶的数量。

2）港口水深。港口水深主要是指该港口所能接纳的船舶吨位。

3）港口的泊位数。港口的泊位数主要是指该港口同时能接纳并进行装卸作业的船舶数量。

4）港口作业效率。港口作业效率主要是指船舶在该港口停泊的时间。

5）港口库场的堆存能力。由于海船、河船、汽车、火车的装载量差别很大，货物交接手续有快有慢，繁简不一。因此，需要换装或联运的货物往往要在港口储存集疏。港口能够储存货物的数量称为港口库场的堆存能力。

6）港口后方的集疏运能力。港口后方是否具有一定的交通网络和一定的集疏运能力，不仅影响港口的通过能力，而且同时影响船舶的周转时间。

4. 水路运输货物

可以通过水路运输的货物包括原材料、农产品、工业品、小商品及其他产品，它们的形态和性质各不相同，所以对运输、装卸、保管等的要求也各不相同。从水路运输的要求出发，可以从货物的形态、性质、重量、运量等不同角度来进行分类，见表 4—4。

表 4—4　　水路运输货物分类

分类依据	货物大类	货物小类	举例
装运形态	液体货	液体散装货	石油、液体化妆品
	散装货	干质散装货	谷物、木材、矿石
	件杂货	包装货物	服装、日用品
		裸装货物	小五金件
		成组化货物	—
		集装箱货物	—
货物性质	普通货物	清洁货物	纺织品、糖果、工艺品
		液体货物	饮料、酒类、油类
		粗劣货物	烟叶、大蒜、颜料
	特殊货物	危险货物	鞭炮、油漆
		冷藏货物	水果、肉类、冰激凌
		贵重货物	黄金、货币、精密仪器
		活的动植物	活鸡鸭、小树苗
		长大笨重货物	重型机械、大型钢材

四、水路运输的营运方式

1. 班轮运输

班轮运输是指船舶在特定的航线上按照船期表所进行的货物运输。班轮运输分为定期班轮和不定期班轮两种。定期班轮是班轮运输的主要形式，严格按照预先公布的船期表运行，船舶到、离港的时间及计划停靠的港口固定不变。不定期班轮根据预先公布的船期表运行，但船舶到港、离港的时间有一定的不确定性，有固定的始发港、目的港，中途停靠港则视货源情况可能有增减。

班轮运输的货物主要是件杂货，包括工业制品、半成品、食品、工艺品等，与大宗散货相比，批量较小、货物种类多、收发货人数多且分散，不易于组织整船运输。而且这些货物的价值相对较高，并有一定的时间要求，为保证运输质量，对适航船舶的性能也有较高要求。

班轮运输的主要特点是“四固定”，即固定航线、固定停靠港口、固定船期和相对固定的运费率。“四固定”有利于托运人按船期时间表从容安排货运计划，根据运价表核算运费或对运输方式进行选择。班轮运输由承运人负责装卸船和理货，并负担其全部费用；班轮运输手续简便，托运人一次性缴纳费用，承托双方的权利、义务和责任等均以班轮提单上所载条款为依据，不需另外签订书面的海上货运合同；班轮运输可以接受不同数量和不同种类的货物，有利于件杂货和小批量货物运输。

2. 租船运输

租船运输是指船舶出租人（船东）向承租人提供船舶的全部或部分舱位装运约定的货物，从一港运至另一港，由承租人支付租金的运输方式。

租船运输不同于班轮运输，没有预先制定的船期表、航线，也没有固定的停靠港口。船舶的航线、运输货物的种类、装卸港口等都是根据货主的要求而定，并依据双方签订的租船合同明确彼此的权利和义务。

租船运输的主要特点是采用租船合同组织运输，出租人与承租人双方首先要签订租船合同，合同条款是双方权利和义务的依据。租船运输的运价受国际航运市场的行情影响较大，一般为双方议价或按照市场价，货主难以把握时，一般会委托货运代理人参加洽谈。

租船运输适合大宗的低价值货物运输，如粮食、饲料、矿产品、石油及其制品、农药、化肥、水泥等散杂货。

租船运输是根据承运人的需求来开展的，依据承运人的不同营运需求和承租人对货物运输的需要，可分为定程租船、定期租船、包运租船和光船租船，见表 4—5。

表 4—5 租船运输的分类

租船运输业务分类	详细说明
定程租船	定程租船又称为航次租船，指出租人所提供的船舶在特定的港口之间完成承租人一个或数个航次的货物运输。承租人除负担运费、滞期费等，其他一切营运费和管理费均由船东负责清缴
定期租船	出租人提供船舶给承租人使用一个时期，由承租人支付租金，并负责安排船舶调度和经营管理，而船东负责船员的工资、给养和船舶航行与维修费用
包运租船	包运租船又称运量合同，指出租人向承租人提供一定吨位的运力，在确定的港口之间，按事先约定的时间、航次周期，以每航次较为均等的运量完成合同规定的全部货运量的租船方式
光船租船	光船租船又称船壳租船，指出租人只提供船舶，不提供船员，由承租人自己配备船员，负责经营管理，承担一切风险和营运费用

3. 内河航运

内河航运由于航道和水深等条件的限制，只适合小型船舶运输。我国水系众多，内河航运船舶的数量偏多、偏小，质量不高；又由于其他运输方式如高速公路和铁路运输的快速发展，而水运企业发展速度相对较慢，导致水运货源减少，水运企业出现大面积亏损。

内河航运适合大宗和散装货物的运输，它的营运方式是：船舶营运企业使用自有的船舶或租用的船舶，以签订水上运输合同的方式组织航次租船或长期包运租船的运输活动。

零星货源或少量件杂货源由地方航运企业承担航次租船运输业务，价值高的货物一般通过集装箱船运输。

我国内河运输业务的货源与国内沿海运输的货源相似，主要是石油及其制品、煤炭、矿石等生产资料。沿海港口的许多物资是通过内河运输提供的，同时内河运输又把沿海港口的物资大量地运输到全国各地，我国的内河运输与海洋运输形成了有机的运输网络。

第二节　水路运输单证与合同

一、班轮运输合同和单证

与其他服务行业不同，在几乎所有国际班轮运输中，船货双方都没有签订标有“国际班轮运输合同”或类似字样的法律文件。也就是说，在实际业务中，一份表达双方意愿、条款完备、内容清晰的正式班轮运输合同在多数情况下是不存在的。

1. 班轮运输单证

在货物托运、装船，直到卸货、交付货物的整个运输过程中，需要编制各种单证，现重点讲解以下几种。

（1）托运单（B/N）

托运单又称订舱单，是托运人根据贸易合同和信用证条款的内容填制的向承运人或其代理人办理货物托运的书面凭证，见表 4—6。

承运人或其代理人签字后，承托双方的货物运输关系即告成立。托运单中的内容也同时为承运人配载、通知港口仓库接收货物等项作业提供依据。托运单的主要内容有托运人与收货人名称、起运港、目的港、货名、标记及号码、重量、件数、尺码、装船日期、信用证有效期、结汇日期、运费支付方式、可否转船或分批装运，以及对签发提单的要求等。

表 4—6　　海运出口托运单

SHIPPING LETTER OF INSTRUCTION

<table>
<tr><td colspan="8">Shipper（托运人）</td></tr>
<tr><td colspan="8">No.（编号）　　S/S（船名）　　For（目的港）</td></tr>
<tr><td rowspan="3">Marks & Nos.
（标记及号码）</td><td colspan="2" rowspan="3">Quantity
（件数）</td><td rowspan="3">Description
of Goods
（货名）</td><td colspan="4">Weight（重量）</td></tr>
<tr><td colspan="2">Net（净重）</td><td colspan="2">Gross（毛重）</td></tr>
<tr><td colspan="4">Method of Freight Payment（运费付款方式）</td></tr>
<tr><td colspan="8">Total Number of Packages in Writing［共计件数（大写）］</td></tr>
<tr><td colspan="4">Freight（运费计算）</td><td colspan="4">Measurement（尺码）</td></tr>
<tr><td colspan="8">Remarks（备注）</td></tr>
<tr><td colspan="2">ORDER OF（抬头）</td><td colspan="3">Whether Transshipment
Allowed（可否转船）</td><td colspan="3">Whether Partial
Shipment Allowed（可否分批）</td></tr>
<tr><td colspan="3">Notice（通知）</td><td colspan="2">Period of Shipment
（装运期）</td><td colspan="2">Period of Validity
（有效期）</td><td>No. of B/L（提单份数）</td></tr>
<tr><td colspan="3">Receiver（收费人）</td><td colspan="2">Bank No.（银行编号）</td><td colspan="2">L/C No.（信用证号）</td><td></td></tr>
</table>

（2）装货单（S/O）

装货单是接受托运人提出托运申请的承运人或其代理人签发给托运人，凭以要求船长将承运的货物装船的单据，见表 4—7。

装货单又称关单，是货主凭以报关的主要单据之一。承运人按装货单通知理货代理和装卸公司收货装船，并将实装数量、装舱部位及装船日期填在装货单上，交船方备查。

（3）收货单（M/R）

收货单也称大副收据，是船舶收到货物的收据及货物已装船的凭证。船上大副根据理货人员在理货单上所签注的日期与装货单进行核对后，签署收货单，见表 4—8。托运人凭大副签署过的收货单向承运人或其代理人换取已装船提单。

由于上述三份单据的主要项目基本一致，我国一些主要口岸的做法是将托运单、装货单、收货单、运费通知单等合在一起制成九联的单据。各联作用如下：第一联由订舱人留存，用于缮制船务单证；第二联、第三联为运费通知联，其中一联留存，另一联随账单向托运人收取运费；第四联为装货单，经海关加盖放行章后船方才能收货装船；第五联、第六联由配舱人留存；第七联、第八联为配舱回单；第九联作为缴纳出口货物港务费的申请书，货物装船完毕后，港区凭以向托运人收取港务费。

表 4—7

装 货 单

SHIPPING ORDER

S/O No. ________

S/S
（船名）________________ For
（目的港）________________

Shipper
（托运人）________________

Consignee
（收货人）________________

Notify
（通知）________________

Received on board the under mentioned goods apparent in good order and condition and sign the accompanying receipt for the same.（兹将下列完好状况之货物装船并签署收货单据。）

Marks & Nos.（标记及号码）	Quantity（件数）	Description of Goods（货名）	Weight in Kilos（重量）		Measurement（尺寸）
			Net（净重）	Gross（毛重）	
Total Number of Packages in Writing [共计件数（大写）]					

Date
（日期）________________ Time
（时间）________________

Stowed
（装入何舱）________________

Received
（实收）________________

Tallied By
（理货员签名）________________ Approved By
（经办员签名）________________

表 4—8

收 货 单

MATES RECEIPT

S/O No. ________

S/S
(船名) ____________________ For
(目的港) ____________________

Shipper
(托运人) ____________________

Consignee
(收货人) ____________________

Notify
(通知) ____________________

Received on board the under mentioned goods apparent in good order and condition and sign the accompanying receipt for the same.(兹将下列完好状况之货物装船并签署收货单据。)

Marks & Nos. (标记及号码)	Quantity (件数)	Description of Goods (货名)	Weight in Kilos (重量)		Measurement (尺寸)
			Net (净重)	Gross (毛重)	
Total Number of Packages in Writing [共计件数(大写)]					

Date
(日期) ____________________ Time
(时间) ____________________

Stowed
(装入何舱) ____________________

Received
(实收) ____________________

Tallied By
(理货员签名) ____________________ Chief Officer
(大副签名) ____________________

（4）提单（B/L）

提单是承运人在收到其承运的货物时签发给托运人的货物收据，是承运人与托运人之间运输契约的证明，见表 4—9。

表 4—9　　　　　　　　　　**海运提单**

BILL OF LADING

<table>
<tr><td colspan="3">SHIPPER（托运人）</td><td colspan="2" rowspan="6">B/L No.

COSCO
［中国远洋运输（集团）总公司］

CHINA OCEAN SHIPPING（GROUP）CO

ORIGINAL

COMBINED TRANPORT BILL OF LADING</td></tr>
<tr><td colspan="3">CONSIGNEE（收货人）</td></tr>
<tr><td colspan="3">NOTIFY PARTY（通知人）</td></tr>
<tr><td>PLACE OF RECEIPT（收货地）</td><td colspan="2">OCEAN VESSEL（船名）</td></tr>
<tr><td>VOYAGE No.（船名 航次）</td><td colspan="2">PORT OF LOADING（装运港）</td></tr>
<tr><td>PORT OF DISCHARGE
（卸货港）</td><td colspan="2">PLACE OF DELIVERY
（目的港）</td></tr>
<tr><td colspan="5">MARKS（唛头）NOS. &KINDS OF PKGS（包装与件数）DESCRIPTION OF GOODS（商品名称）G. W.（kg）（毛重和体积）MEAS（m³）</td></tr>
<tr><td colspan="5"></td></tr>
<tr><td colspan="5">TOTAL NUMBER OF CONTAINERS OR PACKAGES（IN WORDS）（总件数）</td></tr>
<tr><td>FREIGHT & CHARGES
（运费支付）</td><td>REVENUE TONS
（计费吨数）</td><td>RATE
（费率）</td><td>PREPAID
（预付）</td><td>COLLECT
（到付）</td></tr>
<tr><td>PREPAID AT
（预付）</td><td colspan="2">PAYABLE AT
（应付）</td><td colspan="2">PLACE AND DATE OF ISSUE
（签发地点与日期）</td></tr>
<tr><td>TOTAL PREPAID
（总额预付）</td><td colspan="2">NUMBER OF ORIGINAL B（S）L
（正本提单份数）</td><td colspan="2"></td></tr>
<tr><td colspan="3">LOADING ON BOARD THE VESSEL
DATE</td><td colspan="2">BY</td></tr>
</table>

提单是运输合同的一种形式，是货物所有权的凭证。提单持有人可据以提取货物，也可凭以向银行押汇，还可在载货船舶到达目的港交货之前进行转让。提单的种类很多，常用的提单有已装船提单、不记名提单、清洁提单和不清洁提单。已装船提单是指承运人向托运人签发的货物已经装船的提单；不记名提单是指没有任何收货人或ORDER字样的提单（即提单任何持有人都有权提货）；清洁提单是指货物交运时表面情况良好，承运人签发提单时未加注任何货损、包装不良或其他有碍结汇的批注的提单；不清洁提单是指交运时货物表面状态出现不坚固、欠完整等情况批注的提单。

（5）提货单（D/O）

提货单是收货人凭正本或副本提单随同有效的担保向承运人或其代理人换取的可向港口、码头仓库提取货物的凭证。提货单与提单性质完全不同，它只是承运人或其代理人指令码头仓库或装卸公司向收货人交付货物的凭证，不具备流通或其他作用。

2. 班轮货物运输主要单证的流转程序

班轮货运流程及其主要单证的流转程序如图4—1所示，为方便叙述，现结合该图说明如下。

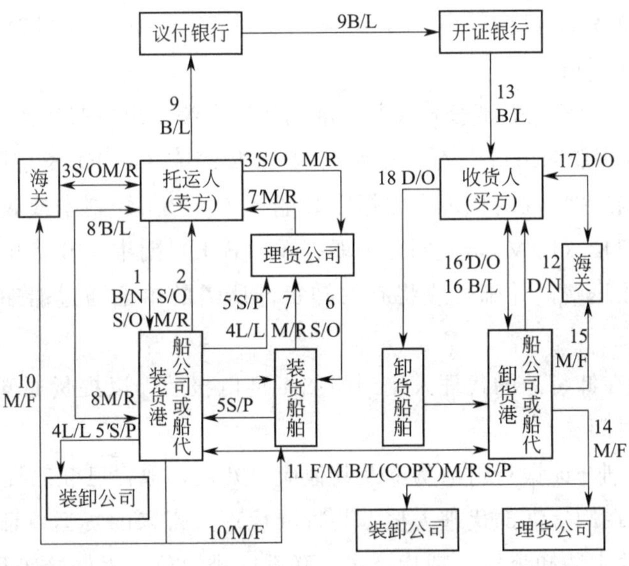

图4—1　班轮货运流程及其主要单证的流转程序

（1）托运人向船公司在装货港的代理人（也可直接向船公司或其营业所）递交托运单（B/N），提出货物托运申请，并填写装货联单。

（2）船公司在装货港的代理人同意承运后，指定船名，核对单证内容无误后，将托运单（B/N）和装货联单的第一联留下，在第二联装货单（S/O）上加盖船公司印章，连同第三联收货单（M/R）一并退还给托运人，并要求托运人将货物送至指定的码头仓库。

(3) 托运人持船公司在装货港的代理人签发的装货单（S/O）、收货单（M/R）及其他有关单证向海关办理货物出口报关手续，海关审核无误后，在装货单（S/O）上加盖海关放行图章，然后，托运人将装货单（S/O）和收货单（M/R）送交理货公司，并将货物送至码头仓库，商检部门和海关到港口对货物进行检验、验关。

(4) 船公司在装货港的代理人根据装货联单的留底联编制装货清单（L/L）送装货船舶、理货公司、装卸公司。

(5) 船上大副根据装货清单（L/L）编制货物积载图（S/P），并交由船公司在装货港的代理人分送理货公司、装卸公司等，按计划装船。

(6) 货物装船后，理货长将装货单（S/O）和收货单（M/R）交大副，大副核对无误后，留下装货单（S/O），签发收货单（M/R）。

(7) 理货长将大副签发的收货单（M/R）交托运人。

(8) 托运人持收货单（M/R）到船公司在装货港的代理人处支付运费（在预付运费情况下）拟换取已装船提单（B/L），船公司在装货港的代理人审核无误后，留下收货单（M/R），签发已装船提单（B/L）给托运人。

(9) 托运人持提单（B/L）及有关单证到议付银行结汇，议付银行将提单（B/L）及有关单证邮寄开证银行。

(10) 货物装船完毕后，船公司在装货港的代理人编妥出口载货清单（M/F）送船长签字后，向海关办理船舶出口手续，之后将出口载货清单（M/F）交船随带，船舶起航。

(11) 船公司在装货港的代理人根据已装船提单（B/L）副本或收货单（M/R）编制出口载货运费清单（F/M），连同已装船提单（B/L）副本、收货单（M/R）一并送交船公司结算代收运费，并邮寄或将有关卸货港所需的单证通过船舶带交船公司在卸货港的代理人。

(12) 船公司在卸货港的代理人接到船舶抵港电报后，以提货通知书（D/N）通知收货人船舶到港时间。

(13) 收货人到开证银行付清货款及其他应付费用，取得已装船提单（B/L）正本。

(14) 船公司在卸货港的代理人根据装货港代理人寄来的货运单证编制进口载货清单等卸货单据，约定装卸公司、理货公司，联系安排泊位，做好接船及卸货准备工作。

(15) 船舶抵港后，船公司在卸货港的代理人随即办理船舶进口报关手续，船舶靠泊后即开始卸货。

(16) 收货人向卸货港船代付清应付费用后，以已装船提单（B/L）正本换取提货单（D/O）。

(17) 收货人持提货单（D/O）送海关办理货物进口报关手续。

(18) 收货人持提货单（D/O）到码头仓库或船边提取货物。

二、租船运输合同

租船合同是船舶出租人与租船人按照契约自由的原则达成的协议。依照租船合同，船舶出租人将船舶全部或部分提供给租船人使用，租船人向船舶出租人支付一定的运费或租金。协议中还就双方当事人的权利与义务、责任与豁免等事项以条款的形式加以规定，用以明确双方的经济、法律关系。

一般而言，租船合同依据船舶出租的方式不同，可分为定程租船合同、定期租船合同、包运租船合同和光船租船合同四种类型，其中定程租船合同见表 4—10。

表 4—10　　　　定程租船合同

签署地：　　　　　　　　　　　　　　　　　　　　合同编号：

承租人	全称		出租人	全称	
	传真			传真	
	银行账号			银行账号	

船舶资料	船名		总舱容		船长/宽（m）	
	船籍港		载重吨		建造时间	
	总吨/净吨		舱口数		满载吃水（m）	

货名	件数	包装	重量（t）	体积（m^3）	价值（元/t）

起运港		受载日期		装货期限		滞期费	
到达港		运输方式		卸货期限		定金	

运费	小写：	结算方式	转账/电汇/现金
	大写：		

特约事项和违约责任	1. 出租人的船舶必须是符合交通部门规定的适航适货船舶。 2. 承租人保证提供约____t 的货物供船舶承运，超过____t 按实际重量结算，由于不可抗力的原因造成的船舶未装满载，按实际重量结算。 3. 船舶不能按期到港或受载的（天气等不可抗力因素除外），出租人必须书面通知承租人迟抵锚地的原因。 4. 船舶装卸时间以船抵锚地 12 h 后开始计算；由于天气有雾、大风、封航等不可抗力因素不能及时靠泊的，时间可顺延；装卸时间两港合并使用。

续表

特约事项和违约责任	5. 滞期费是指因承租方原因造成实际装卸时间超过合同约定期限而由承租人支付给出租人的费用。滞期费以海事及交管部门认可的抛锚、起锚时间为依据，以天（24 h）为计算单位，滞期时间超过12 h但不足24 h的，按1天计算，滞期时间不超过12 h的，不计滞期费用。 6. 货物保险由货方或承租方负责，出租人负责船舶保险。两港费用船、货方各负其责。船方负责理货。 7. 货物卸空无误后，凭交接清单及发票付清全款（如果双方谈判约定了付款方式，此处根据合同谈判结果进行填写）；若船、货落空，由违约方按本合同约定总运费的30%向对方进行赔偿。 8. 本合同一式肆份，承租人叁份，出租人壹份，如有未尽事宜，双方友好协商解决。 9. 本合同自双方签字、盖章之日起生效，该航次货物交接完毕且运费及其他费用结算清楚后，此合同终止。 10. 本合同以打印为准，手改无效。本合同传真件有效。

承租人签章： ××××年××月××日	出租人签章： ××××年××月××日

三、内河运输货运合同和单证

1. 水路货物运输合同

内河水路运输合同的订立应本着公平的原则，依照有关法律法规规定的权利和义务保护当事人的合法权益。

内河水路运输合同一般无固定格式，承托双方可以根据需要签订长期合同或航次运输合同。实际操作中，承托双方可就运输合同中的主要条款达成一致意见，未尽事宜由双方协商解决。内河水路运输合同见表4—11。

表4—11　　内河水路运输合同

甲　方：____________________

地　址：________ 邮政编码：________ 电话：________

法定代表人：________ 职务：________

乙　方：____________________

地　址：________ 邮政编码：________ 电话：________

法定代表人：________ 职务：________

根据《中华人民共和国合同法》和相关运输管理规定的要求，________（简称甲方）向________（简称乙方）计划托运________，乙方同意承运，特签订本合同，共同遵守，互相制约，具体条款经双方协商如下：

一、运输方法

乙方调派____吨位船舶一艘，应甲方要求由________港运至________港，按现行包船运输规定办理。

续表

二、货物集中

甲方应按乙方指定时间将________于________天内集中于________港，货物集齐后，乙方应在5天内派船装运。

三、装船时间

甲方联系到达港同意安排卸装后，经乙方落实并准备接收集货（开集日期由乙方指定）。自船舶抵港已靠好码头时起于________小时内装完货物。

四、运到期限

船舶自装货完毕办好手续时起于________小时内将货物运到目的港，否则按有关规定承担滞延费用。

五、起航联系

乙方在船舶装货完毕起航后，即通知甲方做好卸货准备。如需领航时，也通知甲方按时派引航员领航，费用由________方负担。

六、卸船时间

甲方保证乙方船舶抵达________港锚地，自下锚时起于________小时内将货卸完。否则甲方按超过时间向乙方交付滞延金每吨时________元，在装卸货过程中，因天气影响装卸作业的时间可按实际影响时间扣除。

七、运输质量

乙方装船时，甲方应派员监装，指导工作人员照章操作，装完船封好舱，甲方可派押运员（免费一人）随船押运。乙方保证原装原运，除因船舶安全条件所发生的损失外，运送货物的数量和质量均由甲方自行负责。

八、运输费用

按国家规定，水运货物一级运价率以船舶载重吨位计货物运费________元，空驶费按运费的________%计，全船运费为________元，一次计收。

九、费用结算

本合同经双方签字后，甲方应先付给乙方预付运输费用________元。乙方在船舶卸完后，以运输费用凭据与甲方一次结算，多退少补。

十、附则

本合同甲乙双方各执正本________份，副本________份。并向工商行政管理部门登记备案，如有未尽事宜，按照《中华人民共和国合同法》及国家有关规定处理。

甲方：________________________________

代表人：__________

乙方：________________________________

代表人：__________

________年____月____日

2. 内河运输货运单证

内河运输货运单证见表4—12。

（1）一份运单填写一个托运人、收货人、起运港、到达港；货物名称填写具体品名，名称过繁的可以填写概括名称；规定按重量或体积择大计费的货物应当填写货物的重量和体积（长、宽、高）；填写的各项内容应当准确、完整、清晰；危险货物应填制专门的危险货物运单（红色运单）。除剧毒化学品和交通部门禁止运输的危险化学品以外的危险化学品，只能委托有危险化学品运输资质的水运企业承运。因此，托运人在托运危险货物时，必须确认水运企业的资质。

（2）货物的名称、件数、重量、体积、包装方式、识别标志等应当与运输合同的约定相符。

（3）对整船散装的货物，如果托运人在确定重量时有困难，则可要求承运人提供船舶水尺计量数作为确定重量的依据。

（4）单件货物重量或者长度（沿海为 5 t、12 m，长江、黑龙江干线为 3 t、10 m）超过标准的，应当按照长大笨重货物运输办理，在运单内载明总件数、重量和体积。

（5）托运人应当及时办理港口、检验、检疫等货物运输所需的各项单证和手续，并及时送交承运人。

（6）已装船的货物可由船长代表承运人签发运单。

表 4—12　　　　水路货物运单

<table>
<tr><td>船名</td><td colspan="2"></td><td colspan="2">起运港</td><td colspan="2"></td><td colspan="2">到达港</td><td colspan="2"></td><td colspan="2">到达日期</td><td colspan="2"></td></tr>
<tr><td rowspan="3">托运人</td><td colspan="2">全称</td><td colspan="3"></td><td rowspan="3">收货人</td><td colspan="2">全称</td><td colspan="2"></td><td colspan="2" rowspan="3">承运人章</td><td colspan="2" rowspan="3">收货人章</td></tr>
<tr><td colspan="2">地址、电话</td><td colspan="3"></td><td colspan="2">地址、电话</td><td colspan="2"></td></tr>
<tr><td colspan="2">银行账号</td><td colspan="3"></td><td colspan="2">银行账号</td><td colspan="2"></td></tr>
<tr><td rowspan="2">发货符号</td><td rowspan="2">货号</td><td rowspan="2">件数</td><td rowspan="2">包装</td><td colspan="2">托运人确定</td><td colspan="2">计费重量</td><td rowspan="2">等级</td><td rowspan="2">费率</td><td rowspan="2">金额</td><td colspan="4">应收费用</td></tr>
<tr><td>重量（t）</td><td>体积（m³）长：宽：高：</td><td>重量（t）</td><td>体积（m³）</td><td>项目</td><td>费率</td><td>金额</td><td>运费</td></tr>
<tr><td></td><td></td><td></td><td></td><td></td><td></td><td></td><td></td><td></td><td></td><td></td><td></td><td></td><td></td><td></td></tr>
<tr><td></td><td></td><td></td><td></td><td></td><td></td><td></td><td></td><td></td><td></td><td></td><td></td><td></td><td></td><td></td></tr>
<tr><td></td><td></td><td></td><td></td><td></td><td></td><td></td><td></td><td></td><td></td><td></td><td></td><td></td><td></td><td></td></tr>
<tr><td></td><td></td><td></td><td></td><td></td><td></td><td></td><td></td><td></td><td></td><td></td><td></td><td></td><td></td><td></td></tr>
<tr><td colspan="2">合计</td><td></td><td></td><td></td><td></td><td></td><td></td><td></td><td></td><td></td><td></td><td></td><td></td><td></td></tr>
<tr><td colspan="8" rowspan="3">运到期限或约定</td><td colspan="3" rowspan="3">日期
托运人章</td><td></td><td colspan="3"></td></tr>
<tr><td colspan="2">总计</td><td colspan="2"></td></tr>
<tr><td colspan="2">核算员</td><td colspan="2"></td></tr>
<tr><td colspan="3">特约事项</td><td colspan="5"></td><td colspan="3">承运日期
起运港承运人章</td><td colspan="2">复核员</td><td colspan="2"></td></tr>
</table>

（7）水路货物运单一般为六联。第一联为起运港存查；第二联为解缴联，起运港航运公司留存；第三联为货运收据联，起运港交托运人留存；第四联为船舶存查联，承运船舶留存；第五联为收货人存查联；第六联为货物运单联，是提货凭证，收货人交款、提货、签收后交到达港留存。

第三节　水路运输费用核算

水路运费是指水路运输企业为托运人提供货物运输服务后收取的运输费用。由于水路运输的业务类型主要包括班轮运输、租船运输和集装箱运输，下面根据不同业务类型分别计算水路运费。

一、班轮运费的计算

班轮运费包括基本运费和附加费两部分。

1. 基本运费

基本运费是指货物从装运港到卸货港所应收取的运费，它是构成全程运费的主要部分。基本运费按班轮运价表规定的计收标准计收，在班轮运价表中，针对不同的商品，班轮运费的计算标准通常采用以下几种：

（1）按货物毛重（重量吨）计收，运价表内用“W”表示。

（2）按货物体积（尺码吨）计收，运价表中用“M”表示。

上述计费的重量吨和尺码吨统称为运费吨。按照国际惯例，容积货物是指每吨的体积大于 1.132 8 m^3 的货物，而我国的远洋运输运价表中则将每吨体积大于 1 m^3 的货物定为容积货物。

（3）以毛重和体积中收费较高的作为运费吨，运价表中以“W/M”表示。

（4）按货物价格计收，又称为从价运费，运价表中用“A·V”表示。

（5）按毛重、体积和货物价格中最高的一种计收，运价表中用“W/M or ad val”表示。

（6）按毛重、体积中收费较高者再加上从价运费计收，运价表中以“W/M plus ad val”表示。

（7）按每件货物作为一个计费单位收费，如活牲畜按“每头”（per head）收费，车辆按“每辆”（per unit）收费。

（8）按货主和船公司临时协商议定的价格收费。此类货物通常是低价的货物或特大型的机器等，在运价表中以“Open”表示。

2. 附加费

附加费是指对一些需要特殊处理的货物加收的费用，或者由于突发事件或客观情况变化等原因而需另外加收的费用。附加费是在基本运费的基础上加收一定百分比，或者按每运费吨加收一定额度计算。常见的附加费有超重附加费、超长附加费、港口附加费、港口拥挤附加费、燃油附加费等。

（1）超重附加费是指因货物单件重量超过一定限度而加收的费用。

（2）超长附加费是指因单件货物长度超过规定长度而加收的费用。

（3）港口附加费是指船舶需要进入条件较差、装卸效率较低或停泊费用较高的港口及其他原因而向货方增收的附加费。

（4）港口拥挤附加费是指因有些港口由于拥挤，致使船舶停泊时间增加而加收的附加费。该项附加费随港口条件改善或恶化而变化。

（5）燃油附加费是指因燃油价格上涨而加收的附加费。

3. 计算公式

班轮运输费用计算公式为：

$$F = Fb + \sum S = f \times Q + (S_1 + S_2 + \cdots + S_n) \times f \times Q$$

其中：F 表示运费总额；Fb 表示基本运费；$\sum S$ 表示附加费；f 表示基本费率；Q 表示货运量（运费吨）；S_1、S_2、…、S_n 为各项附加费，一般用基本运费的百分数表示。

二、租船运费的计算

凡供需双方签订运输合同的不定期船，不论是包舱运输航次租船，还是整船运输的程租船或期租船，通常是按照船舶的全部或一部分舱位及运费率收取一笔包租运费，也称为整笔运费。

1. 航次租船运费

航次租船运费等于船舶（或某舱）的承载能力乘以合同所定的运费率。船舶承载能力是指航次最大载货量，应结合航次条件及所运货载确定。当货物的积载因数（每吨货物所占的体积）小于舱容系数（每一净载重吨所占的货舱容积）时，即货物属轻泡货，最大载货量等于货舱总容积除以货物平均积载因数（此时满舱不满载）。采用按船舶装载能力计算运费的方法，即使实际装船的数量少于承载能力，即所谓出现亏舱时，托运人仍须悉数支付全部运费，不会退还因短装所造成的“亏舱费”。但是，有些情况下“亏舱费”也可以按协商或规定由托运人负担其中的一部分。

另外，还有一种不指明特定船舶的不定期船运输，则按合同所定的货吨乘以合同所定的运费率计算运费。

2. 程租船费用

程租船费用主要包括程租船运费、装卸费、滞期费和速遣费等，程租船合同还要对装卸时间进行说明。装卸时间是指租船人承诺完成装卸作业所需的时间，也称为装卸期限，它是程租船合同的一项重要内容。装卸时间的计算方法主要有按工作日（通常注明节假日除外）、按晴天工作日和按连续 24 h 晴天工作日。

（1）程租船运费

程租船运费指货物从装运港运输到目的港的水上基本运费。

（2）装卸费

装卸费是指货物进行装卸发生的费用，装卸费的收取一般有以下几种形式：

1）船方负担装卸费用，租船人无须支付。

2）船方管装不管卸，租船人支付卸船费用。

3）船方管卸不管装，租船人支付装船费用。

4）船方不管装和卸，租船人支付装卸费用。

5）船方不管装、卸和平舱费，租船人支付全部费用。

（3）滞期费和速遣费

1）滞期费。在规定的装卸期间内，如果租船人未能完成装卸作业，为了弥补船方的损失，租船人应根据超过的时间向船方支付一定的罚款。

2）速遣费。如果租船人在规定的装卸期限内提前完成装卸作业，船方应根据所节省的时间向租船人支付一定的奖金，在相同的时间下，速遣费一般为滞期费的一半。

三、集装箱运费的计算

集装箱运费分为两类：一类是使用班轮运费计算方法，即以每运费吨为单位（俗称散货价）；另一类是以每个集装箱为计费单位（俗称包箱价）。

1. 件杂货基本费率加附加费

（1）基本费率参照传统件杂货运价，以运费吨为计算单位，多数航线上采用等级费率。

（2）除传统杂货所收的常规附加费外，还要加收一些与集装箱货物运输有关的附加费。

2. 包箱费率

这种费率以每个集装箱为计费单位，常用于集装箱交货的情况，即 CFS－CY 或 CY－CY 条款，常见的包箱费率有以下三种表现形式：

（1）FAK 包箱费率是对每一集装箱不细分箱内货类、不计货量（在限额之内）统一收取的运价。

（2）FCS 包箱费率是按不同货物等级制定的包箱费率。集装箱普通货物的等级划分与杂货运输分法一样，仍是 1～20 级，但是集装箱货物的费率级差大大小于杂货费率级差，一般来说，低价货的集装箱运价高于传统运输，高价货集装箱运价低于传统运输，同一等级的货物，重货集装箱运价高于体积货运价。在这种费率下，拼箱货运费计算与传统运输一样，根据货物名称查得等级、计算标准，然后引用相应的费率，乘以运费吨得出运费。

（3）FCB 包箱费率是按不同货物等级、货类和计算标准制定的费率。

【例题】现有一批必须采用水路运输从上海运往日本的罐头，数量共计 1 000 箱，每箱毛重 21 kg，箱子的体积规格为 20 cm×20 cm×25 cm。已知该运输任务对应的上海到神户航线的基本费率为 100 美元/t，计费标准为 W/M，另加收燃油附加费 10%、港口附加费 10%。试计算水路运费。

答：

1. 确定货物的运费吨

分析题干后，已知计费标准为 W/M，即按毛重和体积中收费较高的作为运费吨计收。

（1）该批货物的毛重为：$21\times 1\,000\times 10^{-3}=21$ t。

（2）该批货物的体积为：$20\times 20\times 25\times 10^{-6}\times 1\,000=10$ m^3（以水的密度为标准折合为 10 t）。

由于货物的毛重大于体积，因此这批货物的运费吨 Q 为 21 t。

2. 计算基本运费

根据已知的基本费率和确定的运费吨，计算该批货物的基本运费为：$Fb=f\times Q=$ 100 美元/t×21 t＝2 100 美元。

3. 计算附加费

根据已知的各项附加费和计算出的基本运费，计算该批货物的附加费为：$\sum S=(S_1+S_2+\cdots+S_n)\times f\times Q=(10\%+10\%)\times 2\,100=420$ 美元。

4. 计算水路运费

本批货物经水路运输的运费为：$F=Fb+\sum S=2\,100+420=2\,520$ 美元。

第四节　水路运输业务

一、远洋货物运输流程

远洋货物运输业务是根据外贸合同中的运输条款，将进出口货物通过海运运到国内外目的港的一种货运业务。

如果进出口货物数量较大，需要整船载运时，应办理租船手续；若进出口货物不需要整船装运时，应预订班轮或租订部分舱位。由于进出口贸易企业没有国际海运资格和手段，一般均委托外运企业或具有国际货运代理资格的企业办理货物海运业务。

1. 班轮运输业务

班轮运输具体流程如图 4—2 所示。

订舱 → 备货交接 → 装船换单 → 海上运输 → 到港卸货交付

图 4—2　班轮运输具体流程

（1）订舱

洽订班轮舱位，可由货主或其代理人以电话或传真形式向船公司（也称货运代理）提出货物托运申请，填写托运单（也称订舱委托书），交给船公司作为订舱依据。船公司收到托运单后，审核确定委托费用和运杂费，待订妥了装运船舶后，将全套装货单交给货主填写，将托运单的装货单退回。然后由船公司代表货主向外轮代理公司（船代）办理托运手续。

（2）备货交接

货主应在接到装货通知之前办妥出口货物的包装、刷唛、报关、报检、投保、纳税等手续，并取得海关放行证，在规定的时间内将符合装船条件的货物运到承运人指定的港区仓库或货场。承运人委托的港口理货和装卸代理负责出口货物入库的验收、装卸搬运作业。仓库核对进场货物与装货单证无误后，签发场站收据给托运人。

（3）装船换单

承运人在班轮进港之前编制完装船计划，待班轮进港后按照装船计划装船。托运人凭签署的站场收据换取由船长或大副签收的收货单，表明货物已装船。托运人凭收货单向外轮代理公司交付运费，并凭缴款单据换取正式提单。托运手续全部办理完毕后，速将有关货运提单和其他单证寄给收货人备查提货。

（4）海上运输

海上运输中承运人对装在船内的货物负有保管、照料及安全抵达目的港的责任和义务。起航后，承运人应电告目的港卸货代理人，通报到达时间和货物装载信息。

（5）到港卸货交付

卸货港的货运代理人根据船舶发来的到港电报编制有关单证，约定泊位，约定装卸代理准备卸船，同时通知收货人做好货物接收准备。船舶到港，货物一般集中卸在当地海关监管仓库或指定地点，等待海关和商检部门查验放行。鲜活货物也可在船边交货。收货人或其代理人根据货物到港通知立即到海关办妥货物的报关、报检手续，连同装船提单交给卸货港代理人。卸货港代理人审核无误，在收货人付清应付费用后签发提货单给收货人。收货人凭提货单前往码头仓库提货，并与之办理交接手续。

2. 租船运输业务

租船运输业务一般在航运交易市场或通过租船代理企业自愿平等进行。航运交易市场是船舶承租人和出租人进行船舶租赁活动的交易场所，通常设在世界上货主和船东汇集、外贸与运输业务发达的地方。当前国际上主要的航运交易市场有伦敦、纽约、东京、奥斯陆、汉堡、鹿特丹、中国香港、上海等。国际上的租船业务几乎都是通过租船经纪人来进行的。租船经纪人熟悉租船市场行情，精通租船实务，在整个租船过程中起桥梁或中间人的作用，对顺利开展租船业务至关重要。

租船业务流程主要包括询盘、报盘、还盘、接受和签订租船合同等，如图 4—3 所示。

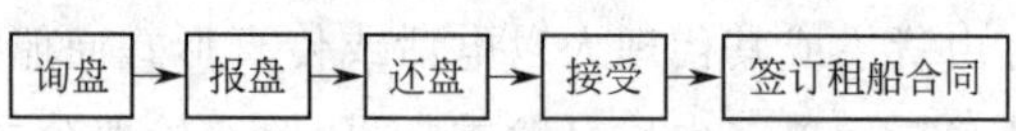

图 4—3　租船业务流程

（1）询盘

询盘是指向船舶经纪人通告需要承租的船舶类型和装运货物种类、数量、装运港、装运期限、租船方式，以及租船租金等事项。询盘通常由承租人以期望条件，通过船舶经纪人寻求租用所需要的船舶，即“货求船”；也可由出租人通过船舶经纪人向航运交易市场发出求货载信息，即“船求货”。

（2）报盘

报盘也称报价或发盘，是出租人对承租人询价的回应。若是船舶所有人先提出的询盘，则报盘人是承租人。报盘又分实盘和虚盘，实盘是报盘条件不可改变，并附加时效的硬性报价；虚盘则是可磋商、修改的报价。报盘内容主要是关于租金的水平、选用的租船合同范本及范本条款的修改和补充等。

（3）还盘

还盘是询价双方通过平等谈判、协商进行讨价还价的过程。

（4）接受

双方通过谈判，最后达成一致意见即可成交。成交后交易双方当事人应签署定租确认书，就商谈租船过程中双方承诺的主要条件予以确认，细节问题还可进一步商讨。

（5）签订租船合同

定租确认书只是一种意向合同，正式租船合同要按租船合同范本进行编制，明确租船双方的权利和义务，双方当事人签署后即可生效。之后，哪一方提出更改或撤销等异议，造成的损失由违约方承担。租船合同正式签订以后，船舶所有人就可按照合同的要求安排船舶投入运营。

有时由于货主急于求船或船东急于求货，租船流程可以变得简单、直接。承租人询盘过程省略，直接进入还盘，提出的承租条件需船东当场决定是否成交，经过紧急磋商达成共识。这种情况下的成交，可能会使某一方付出的代价较大。

租船业务中，租船经纪人代表各自委托人（或代表双方）洽谈租船业务，代为签约，可迅速有效地促成租船业务的成交，减少船东或租船人大量的事务性工作，减少了租约中的责任风险，协调了租船市场的正常运营。

3. 通关手续

远洋运输中值得重视的一个环节就是通关手续，海关对进出口货物的通关手续包括接受申报、审核单证、查验货物、征税、结关放行等。

（1）接受申报及审核单证

出口货物的发货人或其代理人应在装货的 24 h 之前向运输工具所在地或出境地海关申报。报关时应向海关提交出口货物报关单、出口许可证、装货单或运单、发票、装箱单、出口收汇核销单等单证。目前使用的出口报关单有四种：普通报关单为白色，来料加工、补偿贸易专用报关单为浅绿色，进料加工专用报关单为粉红色，出口退税专用报关单为黄色。

（2）查验货物、征税和结关放行

海关以出口报关单为依据，在海关监管区域内对出口货物进行查验，报关单位应派员在现场负责开箱、装箱，协助海关完成查验工作。货物经查验合格，报关单位照章办理纳税手续后，海关在装货单或运单上盖上关印，即可结关放行。

二、内河运输流程

内河航运货运业务一般办理整船、整舱的租船业务，以运输合同形式规范承租人与出租人的关系。内河货物运输的流程与远洋货物相似，所不同的是不需要报关等手续，其操作流程如图 4—4 所示。

图 4—4　内河运输流程

1. 水路货物运输合同

水路货物运输合同是指在水路货运中，承运人收取运输费用，负责将托运的货物经水路由一港（站、点）运至另一港（站、点）的合同，它是承运人与托运人为确定双方权利义务关系所拟订的协议。水路货物运输合同的主要内容是承运人应使用自己的船舶，通过国家确定的航线把货物运到一定地点，交付给收货人，而托运人应支付承运人规定的运费。

2. 货物的托运

托运货物时，托运人主要做的是提出货物运单、提交托运的货物、支付费用。托运人按照约定向承运人支付运费。如果约定运费由收货人支付，则应当在运输单证中载明，并在货物交付时向收货人收取。如果收货人约定指定目的地交货，托运人应缴纳货物运输保险费、装运港口作业费等费用。

3. 货物的领取

收货人在接到到货通知办理提货手续后，需要提交取货单证、检查验收货物、支付费用等。

（1）提交取货单证

1）收货人接到到货通知后，应当及时提货。接到到货通知后满 60 天，收货人不提取或托运人也未处理货物时，承运人可将该批货物作为无法交付货物处理。

2）收货人应向承运人提交可证明收货人单位或者经办人身份的有关证件，以及由托运人转寄的运单提货联或有效提货凭证，供承运人审核。

3）如果货物先到而运单提货联未到或单证丢失，收货人还需提供银行的保函。

（2）检查验收货物

收货人提取货物时，应当按照运输单证核对货物是否相符，检查包装是否受损、货物有无灭失等情况。

1）发现货物损坏、灭失时，交接双方应当编制货运记录；确认不是承运人责任的，应编制普通记录。

2）收货人在提取货物时没有提出异议，视为承运人已经按照运单的记载交付货物。

（3）支付费用

收货人按照约定在提货时支付运费，并须付清滞期费、包装整修费、加固费用和其他中途垫款等。因货物损坏、灭失或者延迟交付所造成的损害，收货人有权向承运人索赔；承运人可依据有关法规进行抗辩。托运人或者收货人不支付运费、保管费和其他费用时，承运人对相应的运输货物享有留置权，但另有约定的除外。查验货物无误并付清所有费用后，收货人在运单提货联上签收，取走货物。

技能训练

2018 年 9 月 6 日，某物流公司与某商贸公司签订海上货运运输合同，约定调派飞跃号货轮将该商贸公司的五个标准集装箱由天津港运至重庆港，运价 140 元/t。飞跃号拟于 9 月 8 日抵港受载，装港时间为 3 天。

集装箱内货品为纸箱包装的儿童学步车 900 件，价值 90 000 元，重量为 5.4 t，总体积为 75 m^3（3 m×4 m×6.25 m），装船费为 500 元/TEU。

请根据以上信息及所学内容填制水路货物运单。

思考练习题

1. 水路运输有哪些优缺点？

2. 我国主要的港口有哪些？

3. 水路运输的营运方式有哪几种？

4. 一批门锁（小五金）从上海经水路运输运往肯尼亚蒙巴萨港，共计 100 箱，每箱体积为 20 cm×30 cm×40 cm，每箱重量为 25 kg。当时燃油附加费为 40%，蒙巴萨港口拥挤附加费为 10%，等级费率表见表 4—13。

表 4—13　　中国—东非航线等级费率　　港元

货名	计算标准	等级（CLASS）	费率（RATE）
农业机械	W/M	9	404.00
棉布及棉织品	M	10	443.00
小五金及工具	W/M	10	443.00
玩具	M	20	1 120.00
基本港口：路易港（毛里求斯）、达累斯萨拉姆港（坦桑尼亚）、蒙巴萨港（肯尼亚）等。			

请根据上述信息计算该批货物的水路运费。

5. 什么是班轮运输？其业务流程包括哪些环节？

6. 什么是租船运输？其业务流程包括哪些环节？

第五章 航空运输

第一节 航空运输概述

一、航空运输的特点

1. 航空运输的优点

（1）运送速度快，缩短了货物在途时间，也使货物在途风险降低，因此许多贵重物品、精密仪器都采用航空运输的形式。

（2）航空运输利用天空这一自然通道，不受地理条件的限制，非常适合地面条件恶劣、交通不便的内陆地区，有利于当地资源的出口，促进当地经济的发展。

（3）与其他运输方式相比，航空运输的安全性较高，同时，运输管理制度比较完善，货物的破损率较低。

（4）采用航空运输时货物在途时间短、周转速度快，企业存货可以相应减少，有利于资金回收，减少利息支出，降低仓储费用。又由于航空货物运输安全、准确，所以货损、货差少，保险费用较低。与其他运输方式相比，航空运输的包装简单，包装成本较低。这些都使得企业隐性成本下降，收益增加。

2. 航空运输的缺点

（1）运输费用较其他运输方式高，不适合运输低价值货物。

（2）飞机的舱容有限，对大件货物或大批量货物的运输有一定的限制。

（3）飞机飞行安全容易受恶劣天气的影响，造成运输延误。

二、航空运输经营组织方式

航空运输主要包括班机运输、包机运输、集中托运和航空快递等。

1. 班机运输

班机运输是指利用在固定的航线上定期航行的航班进行运输，即有固定始发站、目的站和途经站。班机运输的航线基本固定，定期开航，托运人和收货人可以确切地掌握起运和到达时间，保证货物安全迅速地运达，对运送鲜活、易腐、贵重货物非常有利。班机运输的不足之处是舱位有限，不能满足大批量货物及时运输的需求。

2. 包机运输

包机运输可分为整架包机运输和部分包机运输。

（1）整架包机运输

整架包机运输是指航空公司或包机公司按照合同中双方事先约定的条件和运价将整架飞机租给租机人，从一个或几个航空港装运货物至指定目的地的运输方式。

（2）部分包机

部分包机运输是指由几家航空货运代理公司或发货人联合包租一架飞机，或者是由包机公司把一架飞机的舱位分别卖给几家航空货运代理公司的运输方式。这种运输方式适合 1 t 以上但不足装满一整架飞机的货物，运费较班机低，但运送时间则比班机要长。

3. 集中托运

集中托运是航空货运代理公司把若干批单独发运且发往同一方向的货物集中起来，组成一票货，向航空公司办理托运，采用一份总运单集中发运到同一站，由航空货运代理公司在目的地指定的代理人收货、报关并分拨给各实际收货人的运输方式。这种运输方式运价较低，使用比较普遍，是航空货运代理的主要业务之一。

4. 航空快递

航空快递是由专门经营该项业务的公司（通常为航空货运代理公司或航空速递公司）与航空公司合作，以最快的速度在货主、机场和客户之间运送和交接货物的快速运输方式。该项业务的主要形式有门到门服务、门到机场服务、专人派送服务。门到门服务是最方便、最快捷、使用最普遍的方式；门到机场服务简化了发件人的手续，但需要收货人安排清关、提货手续；专人派送服务是一种特殊服务，费用较高，使用较少。

三、特种货物航空运输规定

1. 凡对人体或动植物有害的菌种、带菌培养基等微生物制品，非经民航主管部门特殊批准不得承运。

2. 凡经人工制造提炼并进行无菌处理的疫苗、菌苗、抗生素、血清等生物制品，如果托运人提供无菌、无毒证明，可按普通货物承运。

3. 微生物及有害生物制品的仓储、运输应远离食品。

4. 植物和植物产品的运输须凭托运人所在地相关部门出具的有效“植物检疫证书”。

5. 托运人要求急运的货物，经承运人同意，可以办理急件运输，并按规定收取急件运费。

6. 骨灰应装在封闭的塑料袋或其他密封容器内，外加木盒，最外层用布包装。

四、航空运输基本流程

航空运输基本流程主要包括办理托运、安排货舱、装货和装机、签发运单、发出装运通知、货物卸载交接等内容，如图 5—1 所示。

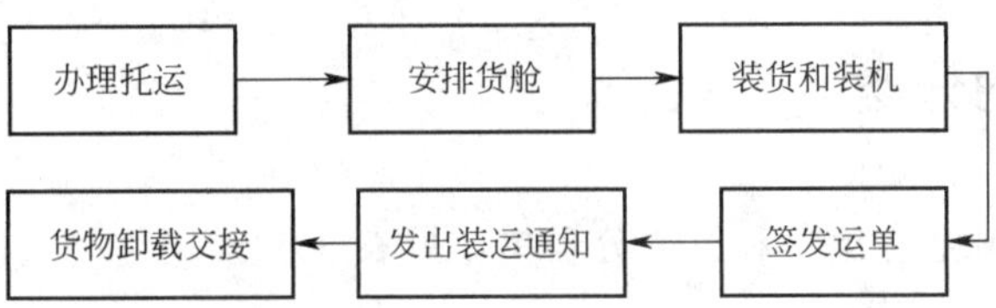

图 5—1　航空运输基本流程

1. 办理托运

货主备齐货物后，向航空公司提交填制完毕的航空货物运输托运书及相关单证，办理托运业务。

2. 安排货舱

航空公司收到托运单及有关单据后，根据配载原则、货物性质、货运数量、目的地等情况，结合航班安排舱位。

3. 装货和装机

货主从仓库提取货物送进机场，凭装货单据将货物送到指定舱位待运。

4. 签发运单

货物装机完毕后，航空公司签发航空运单。

5. 发出装运通知

货物装机后即可向收货人发出装运通知，以便对方准备付款、赎单、办理收货等手续。

6. 货物卸载交接

货物到达目的地后，收货人凭航空公司签发的提货通知单及其他相关单据提货。

第二节　航空运输单据

航空运输单据简称航空运单，是指承运人与托运人之间签订的运输契约。航空运单有正面、背面条款之分，不同的航空公司也会有其独特的航空运单格式，但是大多借鉴国际航空运输协会（IATA）所推荐的标准格式，差别并不大。

一、航空运单的分类

航空运单分为航空主运单和航空分运单，见表 5—1。

表 5—1　航空运单种类

种类	概述
航空主运单	凡由航空公司签发的运单称为航空主运单。它是航空公司据以办理货物运输和交付的依据，是航空公司和托运人订立的运输合同，每一批航空运输的货物都有相对应的航空主运单
航空分运单	凡由航空货运代理公司签发的运单称为航空分运单。它是航空货运代理公司据以办理货物委托运输和交付的依据，是航空货运代理公司和托运人订立的运输合同

我国国际航空货运单由一式十二联组成，包括三联正本、六联副本和三联额外副本。我国国际航空货运单联数构成见表 5—2。

表 5—2　我国国际航空货运单联数构成

序号	名称及分发对象	颜色
A	Original 3（正本 3，给托运人）	浅蓝色
B	Copy 9（副本 9，给代理人）	白色
C	Original 1（正本 1，给出票航空公司）	浅绿色
D	Original 2（正本 2，给收货人）	粉红色
E	Copy 4（副本 4，提取货物收据）	浅黄色
F	Copy 5（副本 5，给目的地机场）	白色
G	Copy 6（副本 6，给第三承运人）	白色
H	Copy 7（副本 7，给第二承运人）	白色
I	Copy 8（副本 8，给第一承运人）	白色
J	Extra copy（额外副本，供承运人使用）	白色
K	Extra copy（额外副本，供承运人使用）	白色
L	Extra copy（额外副本，供承运人使用）	白色

二、航空编码

在航空运单中使用了很多由国际航空运输协会统一编制的代码，包括城市代码、机场代码、航空公司代码、国家代码、货币代码和其他费用代码，必须了解并掌握这些代码。

1. 城市代码

城市代码一般为三位字母。

2. 机场代码

机场代码为三位字母，一般与城市代码相同，见表 5—3。有多个机场的城市，城市代码与机场代码不同。

3. 航空公司代码

航空公司代码为两位字母或三位字母，见表 5—4。

表 5—3　部分机场代码

机场名称	代码
北京首都	PEK
上海浦东	PVG
上海虹桥	SHA
哥本哈根	CPH
东京成田	NRT
法兰克福	FRA
纽约长岛	ISP

表 5—4　部分航空公司代码

中文名称	两字代码	三字代码
中国国际航空公司	CA	CCA
中国南方航空公司	CZ	CSN
中国东方航空公司	MU	CES
英国航空公司	BA	BAW

4. 国家代码

国家代码一般为两位字母，见表 5—5。

5. 货币代码

货币代码指一国货币在交易中为了方便而使用的代码，一般为国家代码＋货币名称的首字母组成三位字母代码，见表 5—6。

表 5—5　部分国家代码

国家	代码
中国	CN
美国	US
英国	GB
法国	FR
德国	DE

表 5—6　部分货币代码

货币名称	代码
人民币	CNY
美元	USD
英镑	GBP
欧元	EUR
日元	JPY

6. 其他费用代码

航空运输其他附加费包括制单费、货到付款附加费、提货费等，只有在承运人或航空货运代理人或集中托运人提供服务时才收取，一般由三位字母组成，见表 5—7。

表 5—7　　　　　　　　　　其他费用代码

费用种类	代码	费用种类	代码
制单费（代理人）	AWA	垫付费	DBC
制单费（航空公司）	AWC	危险品处理费	RAC
地面运输费	SUA		

三、航空运单填制规范

航空运单填制规范见表 5—8。

表 5—8　　　　　　　　　　航空运单填制规范

填写项目	填写说明
Shipper's Name and Address	托运人姓名、地址。填写托运人的全名（与其有效身份证件相符），以及国家、城市、街道的名称和门牌号码
Shipper's Account Number	托运人账号。根据承运人的需要，填写托运人账号
Consignee's Name and Address	收货人姓名及地址。填写收货人的全名（与其有效身份证件相符），以及国家、城市、街道的名称和门牌号码
Consignee's Account Number	收货人账号。根据承运人的需要，填写收货人账号
Issuing Carrier's Agent Name and City	代理人名称和城市。填写制单代理人的名称及其所在的城市，应清楚、详细
Agent's IATA Code	代理人的 IATA 代号。填写代理人的 IATA 代号
Account No.	代理人账号。根据承运人的需要，填写代理人账号
Airport of Departure	始发站机场。填写货物始发站机场的名称，应填写英文全称，不得简写或使用代码
Account Information	结算注意事项。填写与结算有关的注意事项： 1. 以现金或者支票支付货物运费，应予注明 2. 以旅费证支付货物运费，仅限于作为货物运输的行李，填写旅费证的号码及应支付的金额，填写客票及行李票号码、航班、日期等 3. 以政府提单支付货物运费，填写政府提单的号码 4. 因无法交付而退回始发站的货物，在新的货运单的此栏内填写原货单号码
To	填写目的站或者第一中转站机场的 IATA 三字代码
By First Carrier	第一承运人。填写第一承运人的全称或者 IATA 两字代码

续表

填写项目	填写说明
To	填写目的站或者第二中转站机场的 IATA 三字代码
By	填写第二承运人的全称或者 IATA 两字代码
To	填写目的站或者第三中转站机场的 IATA 三字代码
By	填写第三承运人的全称或者 IATA 两字代码
Currency	币种。填写始发站所在国家货币的三字代码
WT/VAL	航空运费/声明价值附加费的付款方式。航空运费和声明价值附加费必须同时全部预付或者到付，并在相应的栏目填写“PP”（预付）或“CC”（到付）
Declared Value for Carriage	供运输用声明价值。填写托运人向承运人办理货物声明价值的金额。托运人未办理货物声明价值，必须填写“NVD”（No Value Declaration）字样
Declared Value for Customs	供海关用声明价值。填写托运人向海关申报的货物价值。托运人未办理此声明价值，必须填写“NCV”（No Customs Valuation）字样
Airport of Destination	目的站机场。填写货物目的站机场的名称，应填写英文全称，不得简写或使用代码。如有必要，填写该机场所属国家或城市的全称
Flight/Date	航班/日期。填写托运人已经订妥的航班/日期
Amount of Insurance	保险金额。填写保险金额
Handling Information	处理事项。填写货物在仓储和运输过程中需要注意的事项
No. of Pieces	件数/运价点。填写货物的件数，如果所使用的货物运价种类不同，应分别填写，并将总件数填写在此处。如果货物运价系分段相加运价，将运价组成点（运价点）的 IATA 三字代码填写在件数下面
Gross Weight	毛重。与件数相对应，填写货物的毛重，如果分别填写时，将总毛重填写在此栏内
kg/lb	毛重的计量单位。填写货物毛重的计量单位，“kg”或者“lb”分别表示“千克”或者“磅”
Rate Class	托运种类。填写所采用的货物运价种类代号
Chargeable Weight	计费重量。填写据以计收航空运费的货物重量
Rate/Charge	费率。填写所适用的货物运价
Total	航空运费。填写根据货物运价和货物计费重量计算出的航空运费额。如果分别填写时，将航空运费总额填写在内

续表

填写项目	填写说明
Nature and Quantity Goods	货物品名及数量（包括尺寸或体积）。填写货物的具体名称及数量。货物品名不得填写表示货物类别的统称，如不能填写电器、仪器、仪表等；鲜活易腐物品、活体动物等不能作为货物品名。托运人托运危险物品应填写其标准学术名称；托运作为货物运输的行李应填写其内容和数量，或随附装箱清单。填写每件货物的外包装尺寸或体积，单位分别为厘米和立方米，货物尺寸按其外包装的长×宽×高×件数的顺序填写
Prepaid	预付。填写预付总金额
Weight Charge	航空运费。填写航空运费总额，可以预付或者到付，根据付款方式分别填写
Collect	到付。填写到付总金额
Other Charges	其他费用。填写其他费用的项目名称和金额
Valuation Charge	声明价值附加费。填写按规定收取的声明价值附加费，可以预付或者到付，根据付款方式分别填写
Tax	税款。填写按规定收取的税款额，可以预付或者到付，根据付款方式分别填写，但是必须同时全部预付或者同时全部到付
Total Other Charges Due Agent	交代理人的其他费用总额 。填写交代理人的其他费用总额，可以预付或者到付，根据付款方式分别填写
Total Other Charges Due Carrier	交承运人的其他费用总额。填写交承运人的其他费用总额，可以预付或者到付，根据付款方式分别填写
Total Prepaid	全部预付货物费用的总额。填写合计的预付货物运费的总额
Total Collect	全部到付货物费用的总额。填写合计的到付货物运费的总额
Signature of Shipper or his Agent	托运人或其代理人签字、盖章。由托运人或其代理人签字、盖章
Executed on (Date)	填开日期。填写货运单的填开日期（年、月、日）
At (Place)	填开地点。填写货运单的填开地点
Currency Conversion Rates	汇率。填写币种和汇率
CC Charge in Dest. Currency	到付货物运费。填写根据汇率到付货物运费换算成的金额
For Carrier's Use Only at Destination	仅限在目的站由承运人填写
Charges at Destination	目的站其他费用额。填写在目的站发生的货物运费额
Total Collect Charge	合计金额。填写合计金额

四、航空运单的使用

航空运单是发货人与航空承运人之间的运输合同，是承运人签发的已接收货物的证明，是承运人据以核收运费的账单，也是报关单证之一，同时可作为保险证书等。

但是，航空运单不能替代航空公司的提货通知单，它不可转让，持有航空运单也并不能说明可以对货物要求所有权。

托运人委托货运代理公司承办货物运输时，航空公司签发主运单给货运代理公司，同时货运代理公司签发航空分运单给托运人。也就是说，航空主运单是航空公司与货运代理公司之间的货物运输合同，当事人则为货运代理公司和航空公司；航空分运单是货运代理公司与托运人之间的货物运输合同，合同双方分别为货主和货运代理公司。货主与航空公司没有直接的契约关系。

不仅如此，由于在起运地由货运代理公司将货物交付航空公司，在目的地由货运代理公司从航空公司处提取货物，再转交给收货人，因而货主与航空公司也没有直接的货物交接关系。

【例题】2018 年 8 月 20 日，A 物流公司接到客户提交的货物托运书，需办理航空运输，航空运输货物托运书见表 5—9。

表 5—9　　航空运输货物托运书

<table>
<tr><td>Airport of Departure（始发站机场）
SHANG HAI PU DONG</td><td colspan="3">Airport of Destination（目的站机场）
COPENHAGEN</td></tr>
<tr><td>Requested Routing（要求的路线）
Via FRANKFURT</td><td colspan="3">Requested Booking（申请订舱）
FRA By LH68 /11 JUN CPH By SK101</td></tr>
<tr><td colspan="2" rowspan="3">Shipper's Name & Address（托运人姓名和地址）
EXPORTANT LTD.
ABC TRADING ESTATE
SHANGHAI CHINA</td><td colspan="2">Air Freight Charges（航空运费）</td></tr>
<tr><td>P. P.（预付）</td><td>C. C.（到付）</td></tr>
<tr><td colspan="2">Other Charges（其他费用）
P. P.　　C. C.</td></tr>
<tr><td colspan="2" rowspan="2">Consignee's Name & Address（收货人姓名和地址）
CDE IMPORTER LTD.
7000 SONDERBORG
COPENHAGEN DEMARK</td><td colspan="2">Declared Value（申报价值）</td></tr>
<tr><td>For Carriage
（供运输）
NVD</td><td>For Customs
（供海关）
AS PER INV</td></tr>
<tr><td colspan="2">Insurance（保险费）</td><td colspan="2">Documents to Accompany Air Waybill
（货运单所附文件）</td></tr>
</table>

续表

Marks & Number（标记）	Description of Goods（货物名称）	Number of Package（件数）	Gross Weight（总重量）	Dimension (Each Piece)（尺寸）
ZHANGHUI 120	RAG DOLLS	400 PCS	478 KGS	7 cm×25 cm×40 cm
HANDLING INFORMATION AND REMARKS（处理事项） KEEP DRY ALSO NOTIFY：SAME AS ABOVE			DATE（日期） SIGNATURE（签名）	

其他相关资料：

AWB No.（航空提单号码）999—12345675

M（最低运费）320.00 N（45 kg 以上运价率）56.46 45（45 kg 以上运价率）46.09 300（300 kg 以上运价率）42.37	OTHER CHARGES（其他费用） AWA（制单费）：100.00 SUA（地面运输费）：600.00 MYC（燃油附加费）：1.00

请根据所提供的信息填制航空运单。

答：

根据所提供的信息填写航空运单，见表 5—10。

表 5—10　　航空运单

		House Air Waybill（航空运单号）	999—12345675
Shipper's Name and Address（托运人姓名和地址） EXPORTANT LTD. ABC TRADING ESTATE SHANGHAI CHINA		NOT NEGOTIABLE（不可转让） Air Waybill　中国国际航空公司 Issued by（签发）　AIR CHINA	
Consignee's Name and Address（收货人姓名和地址） CDE IMPORTER LTD. 7000 SONDERBORG COPENHAGEN DEMARK		It is agreed that the goods described herein are accepted in apparent good order and condition (except as noted) for carriage SUBJECT TO THE CONDITIONS OF CONTRACT ON THE REVERSE HEREOF, ALL GOODS MAY BE CARRIED BY ANY OTHER MEANS. INCLUDING ROAD OR ANY OTHER CARRIER UNLESS SPECIFIC CONTRARY INSTRUCTIONS ARE GIVEN HEREON BY THE SHIPPER. THE SHIPPER'S ATTENTION IS DRAWN TO THE NOTICE CONCERNING CARRIER'S LIMITATION OF LIABILITY Shipper may increase such limitation of liability by declaring a higher value of carriage and paying a supplemental charge if required	
Issuing Carrier's Agent Name and City（承运代理人名称和所在城市）			
Agents IATA Code（代理人的 IATA 代号）	Account No.（代理人账号）		

续表

Airport of Departure（Add. of First Carrier）and Requested Routing（始发站机场和要求的路线） SHANG HAI PU DONG FRANKFURT	Accounting Information（结算注意事项）

To CPH	By First Carrier（第一承运人）	To	By	To	By	Currency（币种） CNY	WT/VAL（航空运费/声明价值附加费的付款方式）		Declared Value for Carriage（供运输用声明价值）	Declared Value for Customs（供海关用声明价值）
							PP	CC		

Airport of Destination（目的站机场）	Flight/Date（航班/日期）	Amount of Insurance（保险金额）	INSURANCE-If carrier offers insurance and such insurance is requested in accordance with the conditions thereof indicate amount to be insured in figures in box marked "Amount of Insurance"

Handling Information（处理事项） KEEP DRY ALSO NOTIFY：SAME AS ABOVE

No. of Pieces（件数）	Gross Weight（毛重）	kg/lb（毛重的计量单位）	Rate Class（运价种类）	Chargeable Weight（计费重量）	Rate/Charge（费率）	Total（航空运费）	Nature and Quantity of Goods（货物品名及数量）
400 PCS	478 KGS			478	42.37	20 252.86	RAG DOLLS 400×7×25×40

Prepaid（预付）	Weight Charge（航空运费）	Collect（到付）	Other Charges（其他费用）
1 000			
Valuation Charge（声明价值附加费）			
Tax（税）			
Total Other Charges Due Agent（交代理人的其他费用总额）		Shipper certifies that the particulars on the face hereof are correct and that insofar as any part of the consignment contains dangerous goods，such part is properly described by name and is in proper condition for carriage by air according to the applicable Dangerous Goods Regulations SAMPLE AGENT Signature of Shipper or His Agent（托运人或其代理人签字、盖章）	
Total Other Charges Due Carrier（交承运人的其他费用总额）			

Total Prepaid（全部预付货物费用的总额）	Total Collect（全部到付货物费用的总额）	Executed on ____ at ____ Signature of issuing Carrier or as Agent（填开日期）
Currency Conversion Rates（汇率）	CC Charges in Dest. Currency（到付货物运费）	
For Carrier's Use Only at Destination（仅限在目的站由承运人填写）	Charges at Destination（目的站其他费用额）	Total Collect Charges（合计金额）

第三节　航空运输费用核算

一、航空货物运价

航空公司按国际航空运输协会所制定的三个区划费率收取国际航空运费。一区主要指南美洲、北美洲、格陵兰等，二区主要指欧洲、非洲、伊朗等，三区主要指亚洲、澳大利亚等。目前，国际航空货物运价按制定的途径不同，主要分为协议运价和国际航协运价。

1. 协议运价

协议运价是指航空公司与托运人签订协议，托运人保证每年向航空公司交运一定数量的货物，航空公司则向托运人提供一定数量的运价折扣。目前航空公司使用的运价大多是协议运价，但在协议运价中又根据不同的协议方式进行细分。

2. 国际航协运价

国际航协运价是指国际航空运输协会公布的运价。按照公布形式不同，国际货物运价可分为公布直达运价和非公布直达运价。公布直达运价包括普通货物运价、特种货物运价或指定商品运价、等级货物运价，以及集装货物运价。非公布直达运价包括比例运价和分段相加运价。

（1）普通货物运价

没有特殊规定而为普通货物制定的运价称为普通货物运价，也称一般货物运价。当一批货物不能适用指定商品运价，也不属于等级货物时，就应该适用普通货物运价。普通货物运价是适用范围最为广泛的一种运价。

普通货物运价针对所承运货物数量的不同规定几个计费重量分界点，分别适用不同的费率。

N：45 kg 以下普通货物运价（Normal Rate）。

Q：45 kg 以上普通货物运价（Quantity Rate）。Q 45 表示 45 kg 以上（包括45 kg）普通货物运价，Q 100 表示 100 kg 以上（包括 100 kg）普通货物运价，依此类推。

（2）指定商品运价

指定商品运价是指适用于自规定的始发地至规定的目的地之间运输特定品名货物而公布的低于普通货物运价的某些特殊指定商品的运价，又称特种货物运价。根据不同的运价费率，指定商品运价有不同的最低重量规定，而且要遵守关于这类货物的最低运费并与该运价同时公布，往往都低于普通货物运价。

（3）等级货物运价

等级货物运价就是对某种特定商品在一般货物运价的基础上进行提价或优惠的价格。等级货物运价没有出现在国际航空运输协会制定的运价表上，而是在一般货物 N 级运价基础上增减一定百分比的形式构成。当某货物没有指定商品运价可适用时，才能使用合适的等级运价。

（4）比例运价

运价手册上有一种不能单独使用的运价附加数，当货物的始发地至目的地无公布的直达运价时，可采用此附加数与已公布的直达运价相加，构成非公布的直达运价，此运价就称为比例运价。

二、航空运费的计价标准

1. 计费重量

计费重量是指用以计算货物航空运费的重量。货物的计费重量是货物的实际毛重或货物的体积重量。

（1）实际毛重

实际毛重是指包括货物包装在内的货物重量。

（2）体积重量

按照国际航空运输协会规则，将货物的体积按一定的比例折合成的重量，称为体积重量。换算标准为每 6 000 cm^3 折合 1 kg。

$$体积重量(kg)=\frac{货物体积(cm^3)}{6\ 000\ cm^3/kg}$$

航空公司规定，在货物体积重量小、实际重量大时，按实际重量计算；在货物体积重量大、实际重量小时，按体积重量计算。在集中托运时，一批货物由几件不同的货物组成，有轻泡货也有重货。其计费重量则采用整批货物的总毛重或总的体积重量，按两者之中较高的一个计算。

国际航空运输协会规定，国际货物的计费重量以 0.5 kg 为最小单位，重量尾数不足 0.5 kg 的按 0.5 kg 计算，0.5 kg 以上不足 1 kg 的按 1 kg 计算。

2. 最低运费

最低运费是指一票货物自始发地机场至目的地机场航空运费的最低限额。货物按其适用的航空运价与其计费重量计算所得的航空运费，应与货物最低运费相比后取高者。

三、航空运输其他费用

1. 燃油附加费

燃油附加费是指航空公司收取的反映燃油价格变化的附加费。该费用以每运输 1 t 货物的金额或者以运费的百分比来表示。

2. 战争险费

战争险是航空货物运输险的一种附加险，只有在投保了航空运输基本险的基础上，经过投保人与保险公司协商方可加保战争险。

3. 声明价值费

《华沙公约》中对由承运人自身疏忽或故意所造成的货物灭失、损坏或延迟规定了最高赔偿责任限额，这一金额一般被理解为每千克 20 美元或每磅 9.07 英镑或其他等值货币。如果货物的价值超过了上述数值，即增加了承运人的责任，承运人要收取声明价值费，否则即使出现更多的损失，承运人对超出的部分也不承担赔偿责任。货物的声明价值是针对整件货物而言的，不允许对货物的某部分声明价值。

4. 货运单费

货运单费又称为航空货运单工本费，此项费用为填制航空货运单的费用。货运单费应填制在货运单的“其他费用”一栏中，用两字代码“AW”表示。

按国际航空运输协会规定：AWC 表示此项费用归出票航空公司所有；AWA 表示此项费用归销售代理人所有。

5. 垫付款

垫付款是指在始发地机场运输一票货物时发生的部分其他费用。这部分费用仅限于货物地面运输费、清关处理费和货运单工本费。

垫付款由最终承运人向提货人收取后，交给签发运单的承运人，再在代理人或承运人之间分配。

此项费用需按不同于其他费用的种类代号、费用归属代号（A 或 C）及费用金额一并填入货运单的“Other Changes”一栏。例如，“AWA”表示代理人填制的货运单费用，“CHA” 表示代理人代替办理始发地清关业务费用，“SUA” 表示代理人将货物运输到始发地机场的地面运输费。

6. 垫付费

垫付费是根据垫付款的数额而确定的费用。垫付费的费用代码为“DB”，按有关规定，该费用归出票航空公司所有。在货运单的其他费用栏中，此项费用应表示为“DBC”。

7. 危险品处理费

国际航空货物运输中，对收运的危险品货物，除按危险品规则收运并收取航空运费外，还应收取危险品处理费，该费用必须填制在货运单“其他费用”栏内，用“RA”表示，根据有关规定，危险品处理费归出票公司所有。在货运单中，危险品处理费表示为“RAC”。

8. 运费到付货物手续费

国际货物运输中，当货物的航空运费及其他费用到付时，在目的地的收货人除支付货物的航空运费和其他费用外，还应支付运费到付货物手续费（简称 CC Fee）。此项费用由最终承运航空公司收取，并归其所有。

四、航空运费计算公式

燃油附加费＝计费重量×燃油附加费率

战争险费＝计费重量×战争险费率

航空运费＝计费重量×航空运价率＋其他费用

货物按其适用的航空运价与计费重量计算所得的航空运费，应与货物最低运费相比后取高者。

五、航空运费规定

1. 填制货运单后，如遇运价调整，运费多不退、少不补。发货人如有异议，可按货物退运处理，按新运价重新托运。

2. 货物运费应在承运时一次收清。

3. 个别单位确有需要定期结账，经承运人同意后签订协议，运费可以记账，但应最少每月结算一次。记账的货运单应在出票人联上加盖“记账”的戳记。

4. 货物运费除托运人与承运人有协议外，都按支付规定处理。

5. 货物运费以角为单位，角以下四舍五入。

【例题】 现有一件毛绒玩具须采用航空运输从深圳运往巴黎，重 2.3 kg，体积尺寸为 41 cm×30 cm×20 cm，燃油附加费为 4.0 元/kg，战争险费为 1.2 元/kg。航空直达运输的运价结构见表 5—11。根据货物信息和运价结构核算这批货物的航空费用。

表 5—11　　　　航空运输运价结构

Currency：CNY　　　　Unit：kg

EUR	M	N	+45 kg	+100 kg	+300 kg
AMS	320.00	52.81	44.46	36.76	40.93
BRU					
CPH					
FRA					
LON					
MIL					
PAR					
CAI	380.00	68.21	51.35	42.98	45.85
DXB	370.00	67.21	50.46	41.98	44.85

答：

1. 确定适用运价的种类

托运货物为毛绒玩具，查阅资料可知其属于普通货物。

2. 确定计费重量

该货物样品体积为 41 cm×30 cm×20 cm＝24 600 cm^3，将体积折合成重量，即根据所使用不同的度量单位分别用体积值除以 6 000 cm^3/kg，得到体积重量为 24 600÷6 000＝4.1 kg。

已知该货物样品的实际重量为 2.3 kg，将货物体积重量与实际重量比较后取较高者作为参照，即采用体积重量 4.1 kg 作为计费重量的参照值。

按照计费重量以 0.5 kg 为最小单位的原则，以体积重量折合的计费重量为 4.5 kg。

3. 确定运价率

由于计费重量为 4.5 kg，小于 45 kg，因此适用 N 等级下的运价，即运价率采用 52.81 元/kg。

4. 计算航空运价

根据航空运价计算公式计算这单货物的航空运价，即航空运价＝计费重量×航空运价＝4.5×52.81＝237.65 元，因其小于最低运费，所以航空运价为 320 元。

5. 计算其他费用

由于本次运输为国际运输，还需计算这单货物的燃油附加费和战争险费。

(1) 燃油附加费

燃油附加费＝计费重量×燃油附加费率＝4.5×4.0＝18 元。

(2) 战争险费

战争险费＝计费重量×战争险费率＝4.5×1.2＝5.4 元。

注意事项：对于国际航空运费，除计算基本运价，还应加上燃油附加费和战争险费，而国内航空运费只需要加上燃油附加费。

6. 计算航空运费

将上述各项费用相加求和可得总的航空运费，即航空运费＝航空运价＋燃油附加费＋战争险＝320＋18＋5.4＝343.4 元。

第四节　航空运输业务

一、航空货物运输出口业务流程

航空货物运输出口业务流程是指航空货运代理公司从发货人手中接货到将货物交给航空公司承运这一过程的手续及必备的单证，如图 5—2 所示。

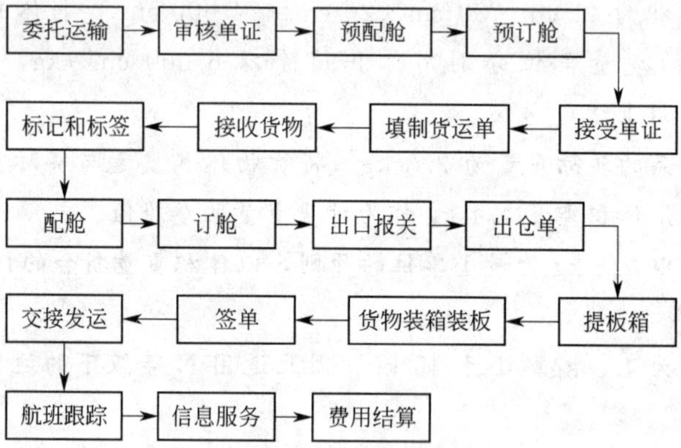

图 5—2　航空货物运输出口业务流程

1. 委托运输

由托运人填写货运托运书。托运书应包括托运人、收货人、始发站机场、目的地机场、要求的路线/申请订舱、供运输用的声明价值、供海关用的声明价值、保险金额、处理事项、货运单所附文件、实际毛重、运价类别、计费重量、费率、货物的品名及数量、托运人签字、日期等内容。

2. 审核单证

单证应包括发票、装箱单、托运书、外汇核销单、许可证、商检证、进料/来料加工核销本、索赔/返修协议、到会保函、关封等。

3. 预配舱

代理人汇总所接受的委托和客户的预报，输入计算机，并计算出各航线的件数、重量、体积，按照客户的要求和货物情况，根据各航空公司不同机型对不同板箱的重量和高度要求，制定预配舱方案，并对每票货物配上运单号。

4. 预订舱

代理人根据所指定的预配舱方案，按航班、日期打印出总运单号、件数、重量、体积，向航空公司预订舱。

5. 接受单证

接受托运人或其代理人送交的已经审核确认的托运书、报送单证和收货凭证。将收货记录与收货凭证核对，制作操作交接单，填上所收到的各种报关单证份数，给每份交接单配一份总运单或分运单。将制作好的交接单、配好的总运单或分运单、报关单证移交制单。

6. 填制货运单

航空货运单包括总运单和分运单，填制航空货运单的主要依据是发货方提供的国际货物委托书，委托书上的各项内容都应体现在货运单上，一般用英文填写。

7. 接收货物

接收货物是指航空货运代理公司把即将发运的货物从发货人手中接过来并运送到自己的仓库。接收货物一般与接单同时进行。对于通过空运或铁路从内地运往出境地的出口货物，货运代理人按照发货提供的运单号、航班号（车次）、接货地点和日期代其提取货物。如果货物已在始发地办理了出口海关手续，发货人应同时提供始发地海关的关封。

接货时应对货物进行过磅和丈量，并根据发票、装箱单或送货单清点货物，核对货物的数量、品名、合同号或唛头等是否与货运单上所列一致。

8. 标记和标签

（1）标记

标记包括托运人、收货人的姓名、地址、电话、传真，以及合同号和操作（运输）注意事项，单件超过 150 kg 的货物也要进行标记。

（2）标签

航空公司标签上三位阿拉伯数字代表承运航空公司的代号，后八位数字是总运单号码。分标签是航空货运代理公司对出具分标签的标识，分标签上应有分运单号码和货物到达城市或机场的三字代码。一件货物贴一张航空公司标签，有分运单的货物再贴一张分标签。

9. 配舱

货运代理人核对货物的实际件数、重量、体积与托运书上预报情况的差别，按照各航班机型及板箱型号、高度、数量进行配载，做到有效利用、合理搭配。

10. 订舱

货运代理人接到发货人的发货预报后，向航空公司吨控部门领取并填写订舱单，同时提供相应的信息，如货物的名称、体积、重量、件数、目的地、要求出运的时间等。航空公司根据实际情况安排舱位和航班。货运代理人订舱时，可依照发货人的要求选择最佳的航线和承运人，同时为发货人争取最低、最合理的运价。订舱后，航空公司签发舱位确认书（舱单），同时给予集装器领取凭证，表示舱位订妥。

11. 出口报关

货运代理人首先将发货人提供的出口货物报关单的各项内容输入计算机，在通过计算机填制的报关单上加盖报关单位的报关专用章；然后将报关单与有关的发票、装箱单和货运单综合在一起，并根据需要随附有关的证明文件；以上报关单证齐全后，由持有报关证的报关员正式向海关申报；海关审核无误后，海关工作人员即在用于发运的运单正本上加盖放行章，同时在出口收汇核销单和出口报关单上加盖放行章，在发货人用于产品退税的单证上加盖验讫章，粘贴防伪标志，并完成出口报关手续。

12. 出仓单

配舱方案制定后就可着手编制出仓单，内容包括出仓单的日期、承运航班的日期、装载板箱形式及数量、货物进仓顺序编号、总运单号、件数、重量、体积、目的地三字代码和备注。

13. 提板箱

货运代理人向航空公司申领板、箱并办理相应的手续。提板、箱时，应领取相应的塑料薄膜和网，对所使用的板、箱要登记、销号。

14. 货物装箱装板

货物装箱装板时，不要用错集装箱、集装板，不要用错板型、箱型，不要超装箱板尺寸，要垫衬，并封盖好塑料纸，以防潮、防雨淋。集装箱、板内货物尽可能配装整齐，结构稳定，并接紧网索，防止运输途中倒塌。大宗货物和集中托运货物应尽可能装一个或几个箱、板内运输。

15. 签单

货运单在盖好海关放行章后还需要到航空公司签单，只有签单确认后才允许将单、货交给航空公司。

16. 交接发运

交接是向航空公司交单交货，由航空公司安排航空运输。交单就是将随机单据和应由承运人留存的单据交给航空公司。随机单据包括第二联航空运单正本、发票、装箱单、产地证明、品质鉴定证书。

交货即把与单据相符的货物交给航空公司。交货前必须粘贴或拴挂货物标签，清点和核对货物，填制货物交接清单。大宗货物、集中托运货物以整板、整箱称重交接。零散小货按票称重，计件交接。

17. 航班跟踪

需要联程中转的货物运出后，货运代理人应要求航空公司提供第二程、第三程航班中转信息，确认中转情况，并及时将上述信息反馈给客户，以便遇到不正常情况及时处理。

18. 信息服务

信息服务包括订舱信息、审单及报关信息、仓库收货信息、交运称重信息、航班信息、单证信息的查询和告知服务等。

19. 费用结算

发货人结算费用时，在运费预付的情况下，收取航空运费、地面运输费、各种服务费和手续费。

承运人结算费用时，发货人或代理人向承运人支付航空运费及代理费，同时收取代理佣金。

二、航空货物运输进口业务流程

航空货物运输进口业务流程是指航空货运代理公司从货物入境到提取（或转运）的整个过程中所需通过的环节、所需办理的手续及必备的单证。其流程如图 5—3 所示。

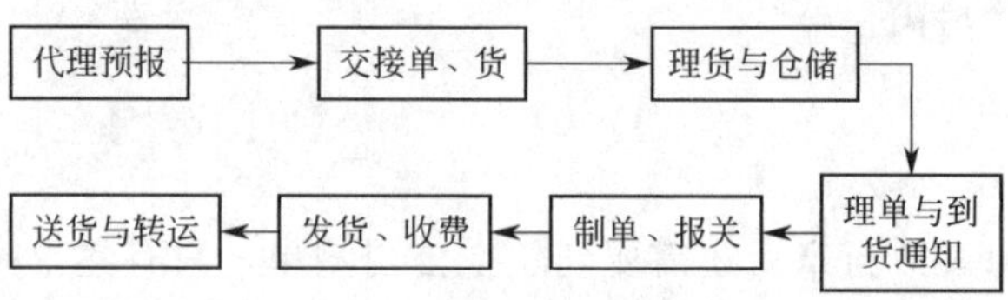

图 5—3　航空货物运输进口业务流程

1. 代理预报

在国外发货前，由国外航空货运代理公司将运单、航班、件数、重量、品名，以及实际收货人、地址、联系电话等内容发给目的地航空货运代理公司。

2. 交接单、货

航空货物入境时，与货物相关的单据也随机到达，运输工具及货物处于海关监管之下。货物卸下后，存入航空公司或机场的监管仓库，货运代理人进行进口货物舱单录入，将舱单上的总运单号、收货人、始发站、目的站、航班号，以及货物品名、件数、重量等信息通过计算机传输给海关留存，供报关使用，同时根据运单上的收货人地址寄提货通知等单据。交接时做到单、单核对（即交接清单与总运单核对）和单、货核对（即交接清单与货物核对）。

3. 理货与仓储

（1）理货

货运代理人逐一核对每票件数，再次检查货物破损情况，确有接货时未发现的问题时，可向航空公司提出交涉；按大货、小货、重货、轻货、单票货、混载货、危险品、贵重品、冷冻品、冷藏品等品类分别堆存、进仓；登记每票货物储存区号，并输入计算机。

（2）仓储

仓储作业时应注意防雨、防潮、防重压变形、防变质和暴晒，储存危险品应选择专用仓库。

4. 理单与到货通知

货运代理人进行理单时，把集中托运的每票总运单项下的分运单分理出来，审核与到货情况是否一致，然后按照某种分类方法对分运单进行分类、编号，再将各类单证进行编配。

货物到达目的地后，货运代理应尽早、尽快地通知货主到货情况，请货主配齐有关单证，尽快报关。

5. 制单、报关

制单、报关、运输的形式有：货运代理人代办制单、报关、运输；货主自行办理制单、报关、运输；货运代理人代办制单、报关，货主自办运输；货主自行办理制单、报关后，委托货运代理人运输；货主自办制单，委托货运代理人报关和办理运输。

（1）进口制单

长期协作的货主单位，有进口批文、证明手册等放于货运代理人处的，货物到达，发出到货通知后，即可制单、报关，通知货主运输或代办运输；对于部分进口货物，因货主单位缺少有关批文、证明，也可将运单及随机寄来的单证、提货单以快递形式寄货主单位，由其备齐有关批文、证明后再决定制单、报关事宜；不需要批文和证明的，可即行制单、报关，通知货主提货或代办运输；部分货主要求异地清关时，在符合海关规定的基础上，制作转关运输申报单办理转关手续，报送单上需由报关人填报的项目有进口口岸、收货单位、经营单位、合同号、批准机关及文号、外汇来源、进口日期、提单或运单号、运杂费、件数、毛重、海关统计商品编号、货品规格及货号、数量、成交价格、价格条件、货币名称、申报单位、申报日期等，转关运输申报单内容少于报关单，也需按要求详细填列。

（2）进口报关

报关一般分为初审、审单、征税、验放四个主要环节。进口货物报关期限为自运输工具进境之日起的 14 日内，超过这一期限报关的，由海关征收滞报金，征收标准为货物到岸价格的 0.5‰。客户自行报关的，一般由货主到航空货运代理公司监管仓库借出货物，由航空货运代理公司派人陪同货主一并协助海关开验。客户委托航空货运代理公司报关的，航空货运代理公司通知货主，由其派人前来或书面委托代办开验。开验后，航空货运代理公司须将已开验的货物封存，运回监管仓库储存。

6. 发货、收费

发货是指办完报关、报检等手续后，货主须凭盖有海关放行章、动植物检验报验章、卫生检疫报验章的进口提货单到所属监管仓库付费提货。

收费是指航空货运代理公司仓库在发放货物前，一般先将费用收妥。收费项目包括到付运费及垫付佣金，单证、报关费，仓储费，装卸、铲车费，航空公司到港仓储费，海关预录入、动植物检验等代收代付费，关税及垫付佣金。

7. 送货与转运

送货业务主要指进口清关后货物直接运送至货主单位，运输方式一般为公路运输。

转运业务主要指将进口清关后货物转运至内地的货运代理公司，运输方式主要为航空运输、公路运输、铁路运输和水路运输。

进口货物转关运输是指货物入境后不在进境地海关办理进口报关手续，而运往另一设关地点办理进口报关手续，在办理进口报关手续前，货物一直处于海关监管之下，转关运输也称监管运输。

三、进出境快件监管现场业务作业流程

1. 快件分类

根据 2018 年实施的《中华人民共和国海关对进出境快件监管办法》确定的分类标准，进出口快件分为文件类、个人物品类和货物类三类。文件类进出境快件是指法律、法规规定予以免税且无商业价值的文件、单证、票据及资料。个人物品类进出境快件是指海关法规规定自用、合理数量范围内的进出境的旅客分离运输行李物品、亲友间相互馈赠物品和其他个人物品。货物类进出境快件是指除前两类快件之外的快件。

2. 进出境快件通关流程

进出境快件通关通常包含报关、单证审核、查验、缴税和实货放行五个环节。

（1）进出境文件类快件通关流程

1）报关。快件运营人通过中国电子口岸向海关申报报关单电子数据，并向快件通关部门提交中华人民共和国海关进出境快件 KJ1 报关单、总运单（副本）、分运单、进出境文件类快件清单和海关需要的其他单证。

2）单证审核。快件通关部门审单关员审核报关单，并根据情况分别作出查验、退单、电子放行等处理。

3）查验。快件运营人凭打印的有海关审单回执的报关单到快件监管部门办理查验或实货放行手续。对于查验单货相符且无走私违规嫌疑的，以及经快件通关部门电子放行的，快件监管部门审核后在纸制报关单上签字并加盖放行章。

4）实货放行。快件运营人凭加盖放行章（R）的纸制报关单，到海关监管库房取货。

（2）进境个人物品类快件通关流程

1）报关。快件运营人或收件人向快件通关部门个人物品通关窗口递交中华人民共和国海关进出境个人物品申报单、分运单、进境快件收件人身份证件影印件和海关需要的其他单证。

2）审核。快件通关部门审单关员审核海关进出境个人物品申报单及随附单证，开具查验联系单，随同报关单据一并转快件监管部门实施查验。

3）查验。快件监管部门查验关员实施查验，查验完毕后记录查验结果，并由快件收件人或其代理人签字确认。

4）缴税。快件通关部门根据查验结果，依据《入境旅客行李物品和个人邮递物品进口税税则归类表》和《入境旅客行李物品和个人邮递物品完税价格表》确定应税物品的完税价格、税率及应征税款，并填制《旅客行李、个人邮递物品进口税款缴纳证》，交由收件人或其代理人办理税款缴纳手续。快件通关部门凭银行收款凭证核销税单并在分运单上签字放行；对不足进口税起征点或依法予以免税的，快件通关部门将直接在分运单上签字放行。

5）实货放行。快件运营人或收件人持该分运单到快件监管部门办理实货放行手续。

（3）出境货物类快件通关流程

1）报关。快件运营人通过中国电子口岸向海关申报报关单电子数据，对关税税额在《中华人民共和国进出口关税条例》规定的关税起征数额以下的进境货物和海关规定准予免税的进境货样、广告品，对出境货样、广告品（法律、法规规定实行许可证件管理的、应征出口关税的、需出口收汇的、需出口退税的除外），快件运营人应提交中华人民共和国海关进出境快件 KJ2 报关单、分运单、发票和海关需要的其他单证。

2）审核。快件通关部门审单关员审核报关单，并根据情况分别作出布控查验、退单、转普通货物类快件报关以及电子放行等处理。

3）查验。快件运营人凭打印的有海关审单回执的报关单到快件监管部门办理查验或实货放行手续。快件监管部门查验关员实施查验，对于查验单货相符且无走私违规的，以及经快件通关部门电子放行的，快件监管科部门验关员审核后在纸制报关单上签字并加盖放行章。

4）实货放行。快件运营人凭纸制加盖放行章（R）的报关单，到海关监管库房办理实货放行手续。

（4）进境货物类快件通关流程

1）报关。快件运营人通过中国电子口岸向海关传输报关单电子数据，对应予征税的货样、广告品（法律、法规规定实行许可证件管理的、需进口付汇的除外），应提交中华人民共和国海关进出境快件 KJ3 报关单、每一票进境快件的总运单、分运单、发票和海关需要的其他单证。

2）审核。快件通关部门审单关员审核报关单，并根据情况分别作出布控查验、退单、转普通货物类快件报关以及征税放行等处理。对正常放行的快件，快件通关部门在快件系统电子放行后，在分运单上签字放行。

3）缴税。海关打印税单，快件运营人凭税单到银行缴纳税款。快件通关部门根据银行收款凭证核销税单。

4）查验。对快件通关部门布控查验的快件，快件监管部门查验关员实施查验。对于正常情形，快件监管部门在分运单上签字并加盖放行章。

5）实货放行。快件运营人凭加盖放行章的分运单到海关监管仓库办理提货手续。

技能训练

任课教师根据表 5—9 的内容修改部分货运信息，学生根据所给信息填写航空运单。

思考练习题

1. 航空运输的优缺点有哪些？

2. 航空运输的基本流程是什么？

3. 一箱晚礼服从上海运往东京，毛重 40.1 kg，体积尺寸为 80 cm×70 cm×60 cm，公布运价见表 5—12，请计算该批货物的航空运费。

表 5—12 公布运价

SHANGHAI——TOKYO			
Currency：CNY			Unit：kg
TOKYO	JP	M	230.00
		N	37.51
		45	28.13

4. 简述航空运单的作用。

5. 什么是航空编码？

6. 简述航空货物运输出口业务流程。

7. 简述航空货物运输进口业务流程。

第六章　集装箱运输

第一节　集装箱运输概述

集装箱运输是指以集装箱这种大型容器为载体，将货物集合组装成集装单元，再用车、船、飞机载运的一种运输方式，如图 6—1 所示。

图 6—1　集装箱运输

一、 集装箱运输的优点

1. 提高装载效率

集装箱运输能提高装载效率，减轻劳动强度。集装箱运输是将单件杂货集中成组装入箱内，可以减少重复操作，从而大大提高装载效率。其每一环节的装载时间一般仅需3 min，每小时装卸货物可达 400 t，这是普通货船装卸效率的 10 倍。

例如，在普通码头上装卸件杂货，其装卸效率一般为35 t/h，并且需要配备装卸工人约17人，而在集装箱专用码头上装卸集装箱，其效率可达50 TEU/h，按每箱载货10 t计算，生产效率已达400～500 t/h，而配备工人数至多只有4名，装载效率大幅提高。

2. 防止货损货差

集装箱能很好地避免货物倒载，防止货损货差。采用件杂货运输方式时，由于在运输和保管过程中货物不易保护，尽管也采取了一些措施，但货损货差仍较为严重，特别是在运输环节多、品种复杂的情况下，货物的中途转运搬动使货物破损屡屡发生，尤其是零担百货商品发生的事故更多。例如，据铁路部门统计，零担货损事故数量约占全部货损事故数量的80%。采用集装箱运输方式后，由于集装箱本身起到了强度很大的外包装作用，因此即使经过长途运输或多次换装，也不易损坏箱内的货物。

3. 加快车船周转

集装箱为港口和场站的货物装卸、堆码的全机械化和自动化创造了条件。标准化的货物单元使装卸搬运作业变得简单和有规律，因此，在作业过程中能充分发挥装卸搬运机械设备的能力，便于实现自动控制的作业过程。机械化和自动化可以大大缩短车船在港站的停留时间，加快货物的运输速度。另外，集装箱运输方式减少了运输中转环节和收发货的交接方式，方便了客户，提高了运输服务质量，加快了货物周转运送效率。在海运方面，实行集装箱化以后，一般到货期限可比不采用集装箱方式时缩短50%。

4. 节省包装及检验手续

集装箱箱体作为一种能反复使用的包装物，虽然一次性投资较高，但与一次性的包装方式相比，其单位货物运输分摊的包装费用反而降低。同时，由于集装箱是一种坚固、特殊的运载工具，从而节省了商品包装的费用。例如，日本用集装箱运输药品、电缆、合成树脂、家具等，可节约80%的商品包装费用。此外，使用集装箱以前，在卸货时必须按货物外包装上的标志加以分类，逐件检查，而使用集装箱以后，可按箱进行检查，大大加快了检查速度，降低了验收费用。

5. 减少运营费用

由于采用统一的货物单元，换装作业效率大大提高，从而降低了装卸成本。同时，采用集装箱方式，货物运输的安全性明显提高，保险费用有所下降。因此，使用集装箱能有效地降低运输成本。例如，英国在大西洋航线推行集装箱运输后，运输成本降到普通货船运输成本的1/9；据西欧一些国家统计，铁路运输实行集装箱化后，运费要降低40%左右；美国使用集装箱运输后，运费则为普通列车的60%。

6. 有利于组织综合运输

由于各种运输工具各自独立地发展，装载容积无统一标准，因此，传统的运输方式给货物的换装带来了困难。随着集装箱作为一种标准运输单元的出现，各种运输工具的运载尺寸向统一的满足集装箱运输需要的方向发展，根据标准化的集装箱设计的各种运输工具将使运输工具之间的换装衔接变得更加便利。

二、集装箱运输的发展特点

1. 标准化、系列化

集装箱规格尺寸已形成国际标准，各种配套的运输工具、装卸器具和货物包装尺寸都以集装箱的标准规格作为设计依据，使各种设备的能力得到充分利用，达到高效能、低消耗的效果。

2. 大型化、专用化

集装箱由载重 5 t 向 10 t、30 t 发展，尺寸由 20 ft 向 40 ft 发展，并为适应各种货物特点设计制造了各种专用集装箱，如今，冷藏集装箱、框架集装箱、开盖集装箱、牲畜集装箱、汽车集装箱等都已出现，并且有不断发展的趋势。

3. 运输专业化、电子化

现在不少国家集装箱运输已经自成体系，如配有集装箱的专业车辆、专用船只、码头等，并开办定时、定点、定编组的集装箱直达列车和专列，从而使物流得到很大发展。此外，各种装卸器具和运输设备配套，使集装箱作业和管理可以采用现代化的电子技术。

4. 联运化

集装箱和各种运输设备规格配套，扫除了集装箱联运的技术障碍。如今，联运规模从两种运输方式扩大到“海陆空”立体联运和国际复合运输，大大减少了倒装搬运的次数，既降低了货物的在途损耗，又加快了货物周转速度。

5. 柔性化

客户对于运输的多样化需求预示着运输方式应具有更大的适应性，不能再像过去那样无法对客户的需求做出敏捷反应，目前正在大力推进的集装箱多式联运正是顺应了这种变化。多式联运将集装箱这种现代运输方式的触角一直延伸到物流的始末端，伸向企业客户，伸向消费市场。这种需求势必产生“运输支线和运输干线相连接，分流港与枢纽港相配合，大箱与小箱相配套”的集装箱运输格局。同时，集装箱箱型也将呈现多样化的趋势，这种多样化体现在集装箱外形尺寸和类型的多样化，如将出现更大尺寸或更小尺寸的集装箱，以及冷藏箱、罐状箱、开顶箱等不同类型的集装箱。

6. 信息化

集装箱运输的优点之一是快捷，而这种快速送达又必须有先进的信息技术作为支持。当今社会已经进入了信息时代，运输信息的及时传递可以实现运输过程组织的并行处理，从而加快了运输节奏。

第二节　集装箱种类和标准

国家标准《集装箱术语》(GB/T 1992—2006) 对集装箱的定义如下：集装箱是一种供货物运输的设备，应满足以下条件：具有足够的强度和刚度，可长期反复使用；适于一种或多种运输方式载运，在途中转运时，箱内货物不需换装；具有快速装卸和搬运的装置，特别是从一种运输方式转移到另一种运输方式；便于货物装满和卸空；具有1 m^3 及其以上的容积；是一种按照确保安全的要求进行设计，并能防止无关人员轻易进入的货运工具。

一、集装箱的种类

常用集装箱类型如图 6—2 所示，具体分类如下。

1. 按使用材料分类

按使用材料不同，集装箱可分为铝合金集装箱、钢制集装箱和玻璃钢制集装箱等。

(1) 铝合金集装箱的优点是重量轻、外表美观、防腐蚀、弹性好、加工方便、加工修理费用低、使用年限长，缺点是造价高、焊接性能差。

(2) 钢制集装箱的优点是强度大、结构牢、焊接性好、水密性好、价格低廉，缺点是重量大、防腐性差。

(3) 玻璃钢制集装箱的优点是强度大、刚性好、容积大、隔热、防腐、耐化学性好、易清理、修理简便，缺点是重量大、易老化、拧螺栓处强度降低。

a) b) c) d) e) f)

图 6—2 常用集装箱类型

a）杂货箱 b）框架式集装箱 c）罐式集装箱 d）冷藏集装箱 e）服装集装箱 f）汽车集装箱

2. 按结构分类

按结构不同，集装箱可分为内柱式集装箱、外柱式集装箱、折叠式集装箱和薄壳式集装箱等。

（1）内柱式与外柱式集装箱主要指铝合金集装箱，内柱式集装箱的侧柱（或端柱）位于侧壁或端壁之内，外柱式集装箱的侧柱（或端柱）位于侧壁或端壁之外。

（2）折叠式集装箱的主要部件（侧壁、端壁和箱顶）能简单地折叠或分解，再次使用时可以方便地再组合起来。

（3）薄壳式集装箱的优点是重量轻，可以适应装运时所发生的扭力而不会引起永久变形。

3. 按使用目的分类

按使用目的不同，集装箱可分为杂货集装箱、冷藏集装箱、散货集装箱、开顶集装箱、框架集装箱、罐装集装箱，以及一些特种专用集装箱，如汽车集装箱、动物集装箱、兽皮集装箱、平台集装箱等。

二、集装箱的标准

为了有效地开展国际集装箱多式联运，必须使用标准的集装箱。集装箱标准按使用范围不同，有国际标准、国家标准、地区标准和公司标准四种。

1. 国际标准集装箱

国际标准集装箱是指根据国际标准化组织第 104 技术委员会制定的国际标准建造和使用的国际通用的标准集装箱。目前，国际标准集装箱共有 13 种规格，其宽度均为 2 438 mm、长度有四种（12 192 mm、9 125 mm、6 058 mm、2 991 mm）、高度有四种（2 896 mm、2 591 mm、2 438 mm、小于 2 438 mm）。国际标准集装箱现行箱型系列见表 6—1。

表 6—1　　国际标准集装箱现行箱型系列

<table>
<tr><th>规格（ft）</th><th>箱型</th><th>长（mm）</th><th>宽（mm）</th><th>高（mm）</th><th colspan="2">最大总重量（kg）</th></tr>
<tr><td rowspan="4">40</td><td>IAAA</td><td rowspan="4">12 192</td><td rowspan="13">2 438</td><td>2 896</td><td rowspan="4">30 480</td><td rowspan="4">67 200</td></tr>
<tr><td>IAA</td><td>2 591</td></tr>
<tr><td>IA</td><td>2 438</td></tr>
<tr><td>IAX</td><td><2 438</td></tr>
<tr><td rowspan="4">30</td><td>IBBB</td><td rowspan="4">9 125</td><td>2 896</td><td rowspan="4">25 400</td><td rowspan="4">56 000</td></tr>
<tr><td>IBB</td><td>2 591</td></tr>
<tr><td>IB</td><td>2 438</td></tr>
<tr><td>IBX</td><td><2 438</td></tr>
<tr><td rowspan="3">20</td><td>ICC</td><td rowspan="3">6 058</td><td>2 591</td><td rowspan="3">24 000</td><td rowspan="3">52 900</td></tr>
<tr><td>IC</td><td>2 438</td></tr>
<tr><td>ICX</td><td><2 438</td></tr>
<tr><td rowspan="2">10</td><td>ID</td><td rowspan="2">2 991</td><td>2 438</td><td rowspan="2">10 160</td><td rowspan="2">22 400</td></tr>
<tr><td>IDX</td><td><2 438</td></tr>
</table>

国际标准集装箱长度关系如图 6—3 所示。

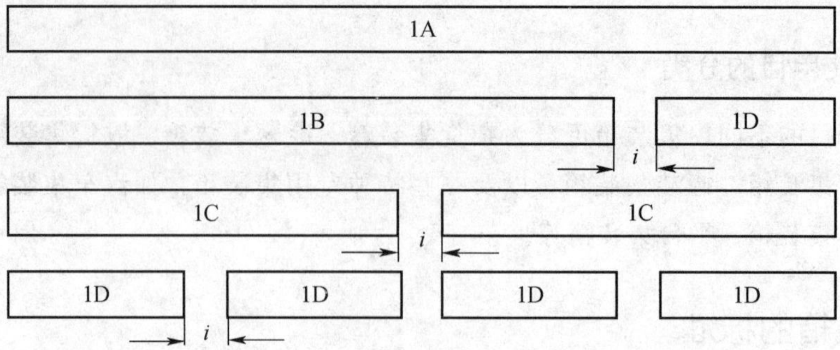

图 6—3　国际标准集装箱长度关系

其中，1A 型长度为 40 ft（12 192 mm），1 B 型长度为 30 ft（9 125 mm），1C 型长度为 20 ft（6 058 mm），1D 型长度为 10 ft（2 991 mm）；间距 i 为 3 in（76 mm）；1A＝1B＋i＋1D＝9 125＋76＋2 991＝12 192 mm；1B＝1D＋i＋1D＋i＋1D＝3×2 991＋2×76＝9 125 mm；1C＝1D＋i＋1D＝2×2 991＋76＝6 058 mm。

2. 国家标准集装箱

各国政府参照国际标准并考虑本国的具体情况制定了本国的集装箱标准，按各国的集装箱标准建造和使用的集装箱称为国家标准集装箱。我国现行国家标准《系列 1 集装箱　分类、尺寸和额定重量》（GB/T 1413—2008）中规定了集装箱各种型号的外部尺寸、极限偏差及额定重量。

3. 地区标准集装箱

此类集装箱标准是由地区组织根据该地区的特殊情况制定的，此类集装箱仅适用于该地区。例如，根据欧洲国际铁路联盟所制订的集装箱标准而建造的集装箱即为地区标准集装箱。

4. 公司标准集装箱

某些大型集装箱船公司根据本公司的具体情况和条件制定了集装箱船公司标准，据此标准生产的集装箱称为公司标准集装箱，这类箱主要在该公司运输范围内使用。

目前世界还有不少非标准集装箱。例如，非标准长度集装箱有 35 ft、45 ft 及 48 ft 等长度，非标准高度集装箱主要有 9 ft 和 9.5 ft 两种高度，非标准宽度集装箱主要有 8.2 ft 等宽度。

三、集装箱的标记及识别

为了便于对集装箱的流通和使用进行识别和管理，便于编制单据和传输信息，我国制定了国家标准《集装箱　代码、识别和标记》（GB/T 1836—2017）。该标准规定了集装箱识别系统和识别标记、尺寸和箱型代码标记、作业标记，以及标记的标打方法。识别标记包括供目视判别所必备的识别标记和供自动设备识别（AEI）及电子数据交换（EDI）用的可选择性识别标记。

1. 集装箱识别系统和识别标记

识别系统由箱主代码、设备识别码、箱号和校验码组成，它们应同时使用。

（1）箱主代码

箱主代码由三个大写字母组成，具备唯一性，所有箱主在使用代码前应在国际集装箱局（BIC）注册。

（2）设备识别码

设备识别码由一个大写字母表示，“U”表示所有集装箱，“J”表示集装箱所配置的挂装设备，“Z”表示集装箱拖挂车和底盘挂车。

（3）箱号

箱号由 6 位阿拉伯数字组成，不足 6 位时，应在前面置“0”补足 6 位。例如，箱号为“1234”时，则写为“001234”。

（4）校验码（核对数字）

校验码用于检验箱主代码和箱号传递的准确性，位于箱号后，以一位阿拉伯数字加一方框表示。

箱主代码与设备识别码应紧连在一起，与箱号之间至少应有一个字符的间隔。箱号与校验码之间也应有一个字符的间隔，校验码应设在方框之内。

2. 尺寸和箱型代码标记

集装箱的外部尺寸和类型均应在箱体上标出，以便识别。

尺寸代码用两位字符表示，第 1 位用数字或拉丁字母表示箱长，第 2 位用数字或拉丁字母表示箱宽和箱高。例如，“42”代表箱长 12 192 mm，箱高 2 591 mm，箱宽 2 438 mm。

箱型代码包括箱型及其特征信息，用两位字符表示，第 1 位由 1 个拉丁字母表示箱型，第 2 位由 1 个数字表示该型箱的特征。例如，“G0”表示一端或两端开门的通用集装箱。

3. 作业标记

必备作业标记有最大总质量和空箱质量、空/陆/水联运集装箱标记、箱顶防电击警示标记、箱高超过 2.6 m 的集装箱高度标记，可选作业标记有最大净货载等。

(1) 最大总质量和空箱质量

最大总质量和空箱质量按以下方式在箱体上标出：

最大总质量（MAX GROSS） 00000kg

00000lb

空箱质量（TARE） 00000kg

0000lb

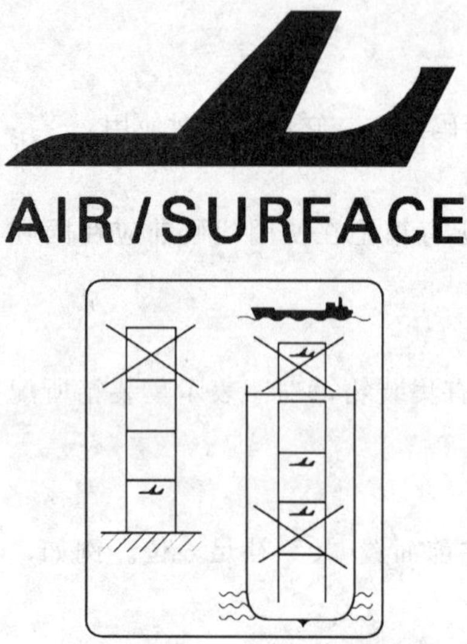

图 6—4　空/陆/水联运集装箱标记

(2) 空/陆/水联运集装箱标记

空/陆/水联运集装箱标记标记位于集装箱端壁、侧壁的左上角和顶部的适当位置，如图 6—4 所示，标记的颜色为黑色，飞机标记的高度应不小于 130 mm，长度应不小于 360 mm。堆码标记高度应不小于 280 mm，宽度应不小于 260 mm，大写字母高度应不小于 80 mm。

(3) 箱顶防电击警示标记

凡装有登顶梯子的集装箱均应在梯子附近标打箱顶防电击警示标记，该标记为黄底黑色标符，并用黑边框圈住，如图 6—5 所示。闪电箭头的高度至少应为 175 mm，警示标记的黑边框外侧长度应不小于 230 mm。

(4) 箱高超过 2.6 m 的集装箱高度标记

凡是箱高超过 2.6 m 的集装箱，均应在两个侧板的右面，距箱顶不超过 1.2 m，距右边缘 0.6 m 以内，在集装箱识别标记的下方分别标打该标记，如图 6—6 所示。标记采用黄底黑色数字，并且周边围以黑框，标记上部的高度数字以米为单位，保留一位小数（0.1 m），此数值应不低于箱体的实际高度，标记下部的高度数字以英尺为单位，取到英寸，应不低于箱体的实际高度，黑框外缘的尺寸应不小于 155 mm×115 mm。

图 6—5　箱顶防电击警示标记

图 6—6　箱高超过 2.6 m 的集装箱高度标记

(5) 最大净货载

如果需要标打最大净货载，需要打在最大总质量和空箱质量之后。

第三节　集装箱运输方式

集装箱运输的方式有单独的集装箱水路运输、集装箱公路运输、集装箱铁路运输和集装箱航空运输等，也有不同组合的集装箱联运。

一、集装箱水路运输

对于集装箱运输尤其是国际集装箱运输而言，船舶是主要的运输工具。国际通用20 ft、40 ft两种大型集装箱用普通船装运量有限，且装运困难，所以发展出了不同形式的专用集装箱船，这是集装箱运输尤其是集装箱联运的主要运输工具。

能载运集装箱的船舶种类很多，但载运能力、载运方式有显著差别，现在主要采用的有以下几种。

1. 吊装式集装船

使用吊装式集装船载运集装箱时，集装箱入出船作业采用吊装方式，利用岸上或船上起重设备进行吊装吊卸。

(1) 全集装箱船

全集装箱船是集装箱专用船，其特点是载运集装箱数量大，一般为大开口单甲板，舱内有稳固集装箱的箱格结构，每一箱格可堆放集装箱4～9层。甲板上可堆放集装箱2～3层，并有系紧装置稳固集装箱。

全集装箱船载重量一般在万吨以上，第四代全集装箱船载重量已达5万吨级以上，载箱量已达4 000～5 000个国际标准集装箱，有很高的运输效率。

(2) 集装箱—杂货两用船

集装箱—杂货两用船是多用途的货船，主要适用于货种、货流变化量较大，未形成有效的集装箱集运系统的航线，往往是集装箱和各种散杂货混载，有很强的灵活性。这种船一般是双甲板船，采用大船口、平舱盖，以便在盖上放置集装箱，舱口尺寸与国际标准集装箱配套，以便进行装卸作业。

2. 滚装式集装箱船

采用滚装式集装箱船运输时，将集装箱货载连同牵引车一起驶入船上，车及集装箱一同完成水运，或上船后只卸下集装箱而将车辆从船上驶下。滚装式集装箱船所运的集装箱不能叠放堆码，因而船型必是多层甲板。这种船与码头之间的装卸位置在船首、船尾与船侧的开口处，车载集装箱通过跳板驶上驶下。各层舱的沟通主要靠斜坡道或升降机。

滚装式集装箱船的优点是对码头要求较低，装卸速度快，装卸效率高，适应品种多；其缺点是舱容利用率低、造价高。这种船在集装箱运输中是一种辅助船型。

3. 载驳集装箱船

载驳集装箱船又称子母集装箱船。采用载驳集装箱船运输时，载有集装箱的驳船浮进或整体吊入载驳集装箱船之后，进行“船载船”的载驳运输，到达后再将载有集装箱的驳船放入水中。

载驳集装箱船的主要特点是利用小驳船的机动性及通达性将海上干线运输、内航干线运输与小河道、小水域的配送、集货运输有效地连接起来，有利于实现“门到门”运输，尤其是大小船之间的转运，利用载驳集装箱船可节省转运时间和转运时的装卸费用。

4. 内河集装箱船

内河集装箱船是用于内河航运的专用集装箱船，主要是有自航能力的自航驳船，也可采用驳船组队的形式。

内河集装箱船主要特点是上部建筑简单，有大开口或大甲板便于装卸集装箱。内河集装箱船受内河船运限制，船体较小，内河水深变动较大，因此主要采用吊上吊下方式进行装卸。

5. 江海联运型集装箱船

江海联运型集装箱船是能在海上和江上运输而不需换运的集装箱船，又有江船出海型和海船进江型两种。这种船有利于江海直达联运，是一种较新的船型。

二、集装箱公路运输

集装箱公路运输是集装箱运输的重要形式，是不可缺少的首尾运输重要环节，可以建立集装箱“门到门”的汽车直接运输和联运系统。集装箱公路运输可选择的车辆种类有下列几种。

1. 集装箱半挂车

集装箱半挂车如图 6—7 所示，又分为平板式、梁架式、浮动轮式和伸缩梁架式若干种。其基本结构是：半挂车前部有支脚或浮动轮，后部为承重轮，在运输时，前部搭放于拖车之上，与拖车一起形成一个整体，集装箱自重及挂车自重由拖车和挂车共同承担。几种半挂车中，梁架式有较强的专用性，挂车车体较轻，因而运输耗能少，平板式属于多用型，除用于运装集装箱之外，还可装运其他多种大重量、长尺寸货物，专用性较高，车身重量较大，因此运输集装箱的技术经济效果不如梁架式。

图 6—7　集装箱半挂车

2. 集装箱全挂车

集装箱全挂车如图 6—8 所示，车体是无动力可行走式车体，挂车完全承载集装箱，短距离移动时，可用各种小型车辆拉动，甚至人力推动，进行长距离集装箱运输时，则接上拖车形成集装箱全挂列车。这种车型用于国际大箱运输时，因列车长度太长，运行不便，所以一般采用小型集装箱，使用较短的全挂车。

图 6—8　集装箱全挂车

3. 集装箱自装自卸车

集装箱自装自卸车是带有装卸集装箱设施的特殊形式的集装箱车。在开展集装箱“门到门”运输时，在一端或两端缺乏装卸工具时，采用这种车型十分方便。

三、集装箱铁路运输

集装箱铁路运输主要担负“门到门”运输的任务，在多式联运中，承担陆地干线运输的责任。铁路的集装箱运输是有限制的，主要受到车辆、路线和接发集装箱车站的限制。

1. 铁路运输车辆的选择

一般铁路货车皆可装运集装箱，但集装箱尺寸受铁路货车尺寸的制约。普通铁路平板货车虽可装运集装箱，但自重较大，无效运输较严重，车辆构造也不适于快速装卸及大量运输。所以，除了一般混装运输线以外，专门进行集装箱运输的线路及定期集装直达列车一般都采用集装箱专用车，主要类型有梁架式集装箱专用车、车载车式滚装集装箱货车和双层集装箱货车。

（1）梁架式集装箱专用车没有平底台板，而将集装箱直接置于梁架的平面之上，集装箱装上后，有稳固装置锁固集装箱，并设有缓冲装置。

（2）车载车式滚装集装箱货车采用的是低平台平板货车，拖车式集装箱可从货车的一端借助高站台或斜面开上货车，进行车载车运输。车载车运输又称“滚动公路”式运输，由于列车运行速度快、装卸速度快且装运能力强，所以，运输形式被不少国家普遍采用。车载车方式运输集装箱的主要优点在于实行“门到门”联运时，免去烦琐的转运换载装卸作业，而靠载集装箱的全挂车或半挂车实现“门到门”的运输。

（3）铁道运输集装箱时，受通过高度限制，一般货车只能进行单层放置，往往达不到货车的载重要求，双层叠放受桥梁、涵洞影响，又出现超高问题，此时采用双层集装箱货车可大大提高车辆的运载能力。双层集装箱货车采用凹型车底，以降低车底高度。

2. 铁路运输方式选择

铁路运输方式受集装箱办理车站和线路的限制，需要根据不同情况做出不同的选择：

（1）一般集装箱办理站的集装箱铁路运输

由于受到铁路货站装卸设备和装卸能力的限制，同时还受到货量的限制，不可能所有的铁路货站都能够承运集装箱。选择铁路集装箱运输必须首先选择集装箱办理站。

（2）铁路集装箱直达列车

铁路集装箱直达列车和路线班车是发达国家普遍采用的一种高效、快速的集装箱铁路运输方式，采用这种方式可以使铁路干线运输更加准时、快速。

技能训练

指出图 6—9 中集装箱的主要标记内容，并说明这些标记涉及的类型。

图 6—9 集装箱标记

思考练习题

1. 什么是集装箱运输？
2. 开展集装箱运输必须具备哪些条件？
3. 集装箱运输与传统运输相比有何优缺点。
4. 简述各种材质集装箱的优缺点及适用范围。
5. 集装箱的主要标记有哪些？

第七章　多式联运

第一节　多式联运概述

多式联运是将不同的运输方式组合成综合性的一体化运输，通过一次托运、一次计费、一张单据、一份保险、一次报关，由多式联运经营人签发全程提单，并由各运输区段的承运人完成全程运输，其主要形式有海陆联运、陆桥运输、海空联运等。

一、多式联运的作用与优点

1. 多式联运的作用

（1）有利于发挥综合运输的优势

联运企业合理进行各种运输方式的衔接和配合，可以选择最佳运输方式和运输路线，使公路运输、铁路运输、水路运输、航空运输合理分流，使车船库场充分利用，从而加速货物和资金周转，缩短车船停靠时间和库场使用周期，充分发挥综合运输的整体功能。

（2）有利于提高经济效益和社会效益

联运企业“一手托两家”，既为货主服务，又为运输企业服务，实行代办、代理运输，简化了货主自办托运的手续，减少了中间环节，提高了运输效率，取得了良好的经济效益和社会效益。由联运企业实行货运代理，不仅方便了货主，而且降低了运输费用和其他各项开支。

（3）有利于挖掘运输潜力，加速货位周转，提高运输效率

就铁水干线联运而言，铁路组织直达列车和成组运输，水运组织专用船舶定线、

定班运输，港口定专用码头进行装卸，彼此之间及时预报，使车、船、港紧密衔接，把全程运输组成统一的作业体系，可以大大地提高运输效率。

(4) 有利于形成以城市为中心、港站为枢纽的综合运输网络

城市是交通运输的枢纽，港站是联运网络的集结点，是客货集散的中转地。许多联运企业是以中心城市和港站为依托建立起来的。通过联运，发展联运企业之间、联运企业与运输和仓储企业之间的横向联合，发展跨地区的联营与协作，并向乡镇辐射，不仅有利于货物和经济发展流通，还使联运企业之间建立起各种形式的伙伴关系，扩大了联运服务范围，为逐步形成互相适应的综合运输体系创造条件。

(5) 有利于无港站的县、市办理客货运输业务

我国还有不少县、市没有港口、火车站，严重影响货物的集散和经济的发展。联运企业积极开展联运业务，可以把乡镇企业和厂矿分散的物资集零为整，运到车站和港口中转全国各地，同时把外地运入的物资化整为零，分送乡镇企业、厂矿和居民家庭，使这些地方成了“没有铁路的火车站”和“没有码头的港口”。

2. 多式联运的优点

国际多式联运产生和发展是国际货物运输的革命性变化。随着集装箱运输的发展，以多式联运形式运输的货物越来越多。到目前为止，发达国家大部分国际贸易的货物运输均采用多式联运的形式，各发展中国家采用多式联运形式运输货物的比例也以较快的速度增长。可以说，集装箱货物多式联运已成为国际货物运输的主要方向。多式联运之所以能如此迅速发展，是由于它与传统运输方式相比具有许多优点，这些优点主要体现在以下几个方面。

(1) 统一化、简单化

国际多式联运的统一化和简单化主要表现在不论运输全程有多远，不论由几种方式共同完成货物运输，也不论全程分为几个运输区段，经过多少次转换，所有运输事项均由多式联运经营人负责办理，货主只需办理一次托运、订立一份运输合同、一份保险。在运输过程中发生货物的灭失和损害时，由多式联运经营人去处理就可以了。国际多式联运使用一张单证，采用单一费率，简化了运输与结算手续。

(2) 减少中间环节，提高运输质量

多式联运以集装箱为运输单元，可以实现“门到门”的运输，尽管运输途中可能有多次换装、过关，但由于不需掏箱、装箱、逐件理货，只要保证集装箱外表状况良好、铅封完整即可免检放行，从而大大减少中间环节。尽管货物运输全程中要进行多次装卸作业，但由于使用专用机械设备，且又不直接涉及箱内货物，货损货差事故、货物被盗情况大大减少。由于全程运输由专业人员组织，可做到各环节与各种运输工具之间衔接紧凑、中转及时、停留时间短，从而使货物的运达速

度大大加快，有效地提高了运输质量，保证了货物安全、迅速、准确、及时地运到目的地。

（3）降低运输成本，节约运杂费用

多式联运全程运输中，各区段运输和各区段的衔接是由多式联运经营人与各实际承运人订立分运合同、与各代理人订立委托合同来完成的。多式联运经营人一般与他们都订有长期的协议，这类协议一般规定多式联运经营人保证托运一定数量的货物或委托一定数量的业务，而对方则给予优惠的运价或较低的佣金。此外，对运输路线的合理选择和运输方式的合理使用，都可以降低全程运输成本，提高利润。对于货主来讲，一是可以得到优惠的运价；二是在多式联运下，一般将货物交给第一（实际）承运人后即可取得运输单证，并可据此结汇（结算货款），结汇时间比分段运输有所提前，有利于货物占有资金的周转；三是由于采用集装箱运输，从某种意义上讲可以节省货物的运输费用和保险费用。多式联运全程运输采用一张单证，实行单一费率，简化了制单和结算的手续，节约了货主方的人力、物力。

（4）扩大运输经营人业务范围，提高运输组织水平，实现合理运输

在多式联运开展以前，各种运输方式的经营人都是自成体系、独立运输的，因此其经营业务的范围（特别是空间地域范围）受到很大限制，只能经营自己的运输工具能够（指技术和经济方面）抵达范围内的运输业务，货运量也因此受到限制。一旦发展成为多式联运经营人或作为多式联运的参加者（实际承运人），其经营的业务范围即可大大扩展。除运输经营人外，其他与运输有关的行业及机构，如仓储、港口、代理、保险、金融等，都可通过参加多式联运获得益处，扩大业务。

国际多式联运是由专业人员组织全程运输的，他们对世界的运输网、各类承运人、代理人、相关行业和机构及有关业务都有较深的了解和较紧密的联系，可以选择最佳的运输路线，使用合理的运输方式，选择合适的承运人，实现最佳运输方式的衔接配合，从而大大提高了运输组织水平，充分发挥现有设施的作用，实现合理运输。

二、我国多式联运概况

1. 我国多式联运的发展

随着“一带一路”倡议的提出与推进，我国多式联运的发展已经进入提速阶段，仅 2018 年上半年就完成集装箱多式联运量约 187 万 TEU，累计开通示范线路 247 条，参与联运的企业超过千家，从政府层面上明确了促进国际贸易便利化、构建国际物流大通道和调整运输结构为多式联运工作导向，以铁路货运市场化、多式联运枢纽建设、多式联运技术能力提升为三大基础工程，为多式联运的发展提供了保障。

2. 我国多式联运企业的主要业务

(1) 零担货物集结运输（指联运货物）

零担货物具有批数多、重量轻、目的地分散、品种复杂、形状各异、包装不统一等特点。零担货物运输是一种要求运输条件较高、货运业务手续较为繁杂且面向千家万户的运输方式。由联运服务企业承包零担货物运输业务，不仅可以方便货主，提高服务质量，还可以通过联运服务企业的货物集结过程，化零为整，提高运输企业的运输效率和运输过程的安全可靠性。

零担货物集结运输包括货物接取、集结装运、不同运输工具间的货物中转和到达分送等运输环节。联运服务企业通过对运输各环节的合理组织和分设在货物发到地的运输营业站、点（包括专营和兼营），可以实现零担货物运输的邮件化。

(2) 代办货物中转（指非联运货物）

代办货物中转业务是在采用货主直接托运制条件下，联运服务企业作为货主的代理人，为货主办理在不同运输工具间的货物转运业务。联运服务企业的代办货物中转业务不仅可以减轻货主的运输业务工作负担，而且也有利于货物运输过程在不同运输工具间的紧密衔接，压缩货物中转滞留时间。代办货物中转业务可以由货主按批向联运服务企业提出委托，也可以由货主与联运服务企业签订定期委托书（合同）。

(3) 超限、笨重货物运输

超限、笨重货物对运送条件、装运工具等都有特殊要求，需要作为特种货物运输办理。为开发这方面的业务，联运服务企业应拥有相应的专业运输人员，建立相应的工作制度。

(4) 工厂或成套设备承包运输

工厂或成套设备承包运输是指联运服务企业对新建工厂全部设备或改建、扩建工厂成套设备的系统承包运输。开展这一运输承包业务时，厂方与联运服务企业签订运输合同，协商确定一项总的运输费用。承包的联运服务企业根据运输合同要求，组织联运业务网内各地区联运服务企业共同完成任务，并按完成运输量大小分配运输收入。

开发工厂或成套设备承包运输的条件，一是联运服务企业必须建立健全的经济业务网，保证经济情报来源及时可靠；二是联运服务企业必须具有既精通运输业务，又具备必要的商业、工业机械设备知识的揽货专业人员；三是在供货地区内具有健全的联运业务网和通信网。

(5) 仓库保管

联运服务企业的仓库保管业务相当于仓储企业或储运企业的业务职能，也是联运服务企业（尤其是地处仓储或储运设施不发达地区的联运服务企业）可以开展且大有发展前途的业务。在这种情况下，联运服务企业必须具有足够数量的仓储设备和相应的仓库保管作业人员。

（6）货物包装

货物包装是指货物的运输包装，它应根据货物特征、运输条件、运输工具和运输距离进行设计（包括外形、包装材料、加固等）。因此，货物包装也是一项专业性很强的工作。联运服务企业开发货物包装业务通常应建立具有一定专职人员的专门业务部门来进行。

3. 我国联运服务企业办理货物联运业务的程序

（1）货主（发货人）提出发货委托书（通过电话或邮件委托）或亲自登门办理货物托运手续。

（2）联运服务企业根据货主委托书，在规定的时间、地点派车取货或由货主亲自送货，货物在联运服务企业仓库集结。

（3）联运服务企业办理货物票据手续并核收运杂费。

（4）联运服务企业根据货主规定的发货日期（或对到货日期的要求）向运输企业托运，组织货物始发装运，并负责选择运输工具和安排运输线路。

（5）联运服务企业在不同运输工具的衔接点办理货物中转业务。

（6）联运服务企业办理货物到达票据手续和结算到达杂费。

（7）联运服务企业根据货主（收货人）指定的时间、地点派车送货或由货主亲自取货。

第二节　国际多式联运

一、国际多式联运概况

以集装箱为运输单元，将不同的运输方式有机地组合在一起，构成连续的、综合性的一体化货物运输方式，称为国际多式联运。

国际多式联运又称国际复合运输或国际综合一贯制运输，是不同国家间多种运输形式的联合运输。它是在集装箱运输基础上发展起来的更先进的运输组织形式。这种运输方式采用一张国际多式联运合同，由一个总承运人负责全程的承运并直接对货主负责，组织两种以上的不同运输方式，跨国界进行联合运输。它通过采用海、陆、空等两种以上的运输手段，完成不同国家间的货物连贯运输，从而打破了过去公路运输、铁路运输、水路运输和航空运输等单一运输方式互不连贯的传统做法。

二、国际多式联运的特点

国际多式联运是今后国际运输发展的方向，这是因为，开展国际集装箱多式联运具有许多优越性，主要表现在：简化托运、结算及理赔手续，节省人力、物力和有关费用；缩短货物运输时间，减少库存，降低货损和货差事故，提高货运质量；降低运输成本，节省各种支出；提高运输管理水平，实现运输合理化。

除以上优点外，发展国际多式联运有利于加强政府对整个货物运输链的监督与管理，保证本国在整个货物运输过程中获得较大的运费收入分配比例；有利于引进新的先进运输技术，减少外汇支出；有利于改善本国基础设施的利用状况；有利于通过国家的宏观调控与指导职能保证使用对环境破坏最小的运输方式，达到保护本国生态环境的目的。

三、国际多式联运的形式

1. 海陆联运

海陆联运是国际多式联运的主要组织形式，也是远东/欧洲多式联运的主要组织形式之一。这种组织形式以航运企业为主体，签发联运提单，与航线两端的内陆运输部门开展联运业务，与大陆桥运输展开竞争。

2. 陆桥运输

在国际多式联运中，陆桥运输起着非常重要的作用。它是远东/欧洲国际多式联运的主要形式。所谓陆桥运输是指采用集装箱专用列车或卡车，把横贯大陆的铁路或公路作为中间“桥梁”，使大陆两端的集装箱海运航线与专用列车或卡车连接起来的一种连贯运输方式。严格地讲，陆桥运输也是一种海陆联运形式，只是因为其在国际多式联运中的独特地位，故将其单独作为一种运输组织形式。

（1）大陆桥运输

大陆桥运输是指采用集装箱专用列车，把大陆当成连接两端海运的桥梁，采用这样的运输方式，使集装箱船和专用列车结合起来，达到迅速运输和降低成本的目的。目前，世界上的大陆桥主要有北美大陆桥、西伯利亚大陆桥、新亚欧大陆桥和玻利维亚大陆桥。

1）西伯利亚大陆桥。西伯利亚大陆桥是指使用国际标准集装箱将货物由远东海运到俄罗斯东部港口，再经跨越欧亚大陆的西伯利亚铁路运至波罗的海沿岸（如爱沙尼亚的塔林或拉脱维亚的里加等港口），然后再经由铁路、公路或海路运到欧洲各地的国际多式联运线路。使用西伯利亚大陆桥运输线的主要是日本、中国和欧洲各国的货运代理企业。

西伯利亚大陆桥运输包括“海铁公”（见图 7—1）、“海铁铁”（见图 7—2）、“海铁海”（见图 7—3）和“海公空”四种运输方式。由俄罗斯的过境运输企业担当总经营人，它可以签发货物过境许可证和统一的全程联运提单，承担全程运输责任。至于参加联运的各运输区段，则采用“互为托、承运”的接力方式完成全程联运任务。可以说，西伯利亚大陆桥是较为典型的一条过境多式联运线路。

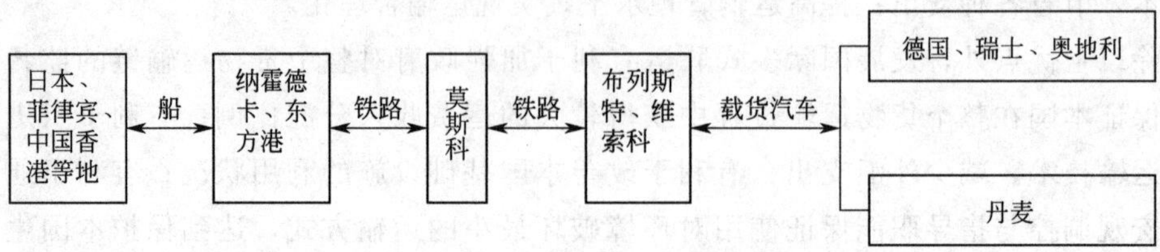

图 7—1 “海铁公”线路

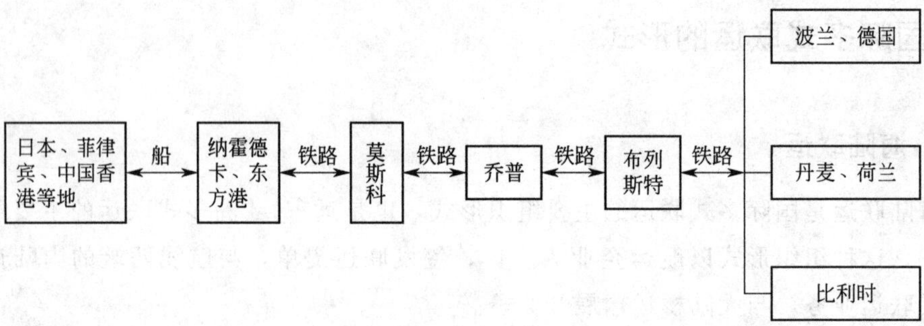

图 7—2 “海铁铁”线路

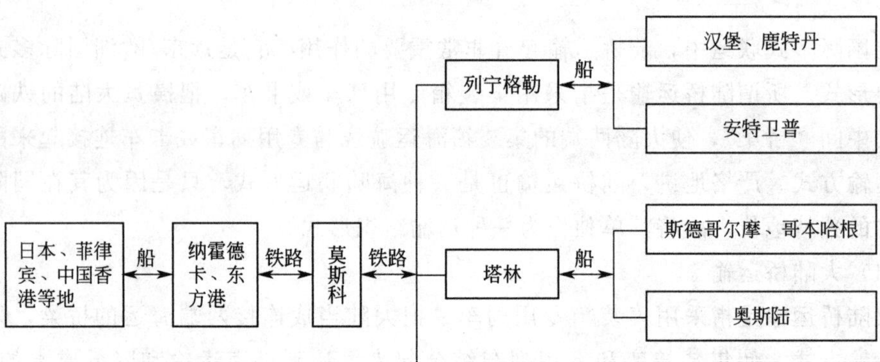

图 7—3 “海铁海”线路

西伯利亚大陆桥是目前世界上最长的一条陆桥运输线。它大大缩短了从日本、远东、东南亚及大洋洲到欧洲的运输距离，并因此节省了运输时间。从远东经俄罗斯太平洋沿岸港口去欧洲的陆桥运输线全长 13 000 km，而相应的全程水路运输距离（经苏伊士运河）约为 20 000 km。从日本横滨到荷兰鹿特丹，采用陆桥运输不仅可使运距缩短 1/3，运输时间也可节省 1/2。此外，在一般情况下，运输费用还可节省 20%～30%，因而对货主有很大的吸引力。

2）新亚欧大陆桥。新亚欧大陆桥于 1992 年投入运营，它东起我国连云港，经陇海线、兰新线，接北疆铁路，出阿拉山口，最终抵达荷兰鹿特丹、阿姆斯特丹等西欧主要港口，横跨亚欧两大洲，连通太平洋和大西洋。在中国境内 4 131 km，全长 10 800 km，比西伯利亚大陆桥缩短 2 000 多千米，节约运费约 30%，与海运相比，可节约运输费用 60%左右。

亚太地区运往欧洲、中近东地区的货物可经海运至中国连云港上桥，出中国西部边境站阿拉山口后，进入哈萨克斯坦境内换装，经铁路运至其边境站、港，再通过铁路、公路、海路运至西欧、东欧、北欧和中近东各国。而欧洲、中近东各国运往亚太地区的货物则可经铁路进入中国西部边境站阿拉山口换装，经中国铁路运至连云港后，再转船运至日本、韩国、菲律宾、新加坡、泰国、马来西亚等国家。整个流程如图 7—4 所示。

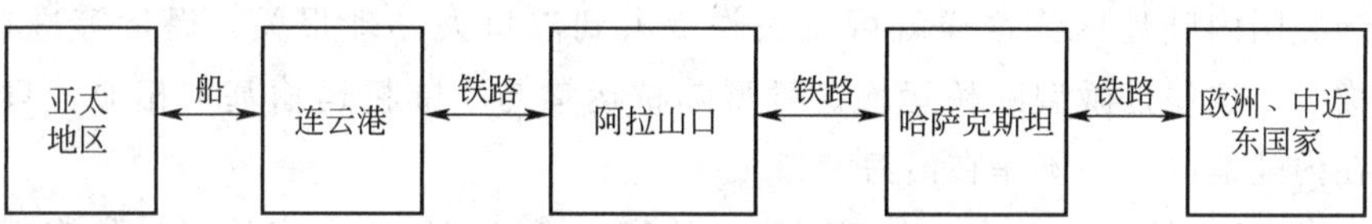

图 7—4　新亚欧大陆桥线路

3）北美大陆桥。北美大陆桥是指利用北美的大铁路从远东到欧洲的“海陆海”联运，包括美国大陆桥运输和加拿大大陆桥运输。美国大陆桥有两条运输线路：一条是从西部太平洋沿岸至东部大西洋沿岸的铁路和公路运输线；另一条是从西部太平洋沿岸至东南部墨西哥湾沿岸的铁路和公路运输线。加拿大大陆桥与美国大陆桥相似，货物通过海路运至温哥华，经铁路运到蒙特利尔或哈利法克斯，再与大西洋海运相接。

北美大陆桥是世界上历史最悠久、影响最大、服务范围最广的陆桥运输线。据统计，从远东到北美东海岸的货物有大约 50%以上是采用双层列车进行运输的，因为采用这种陆桥运输方式比采用全程水运方式通常要快 1～2 周。例如，集装箱货从日本东京到欧洲鹿特丹港，采用全程水运（经巴拿马运河或苏伊士运河）通常约需 5～6 周，而采用北美大陆桥运输仅需 3 周左右。

（2）其他陆桥运输形式

陆桥运输不仅包括大陆桥运输，而且还包括小陆桥运输和微型陆桥运输等运输组织形式。

1）小陆桥运输。小陆桥运输是指货物用国际标准规格集装箱为容器，从日本港口海运至美国、加拿大西部港口卸下，再换装铁路集装箱专列或汽车运至北美东海岸和加勒比海区域，以及相反方向的运输，如图 7—5 所示。

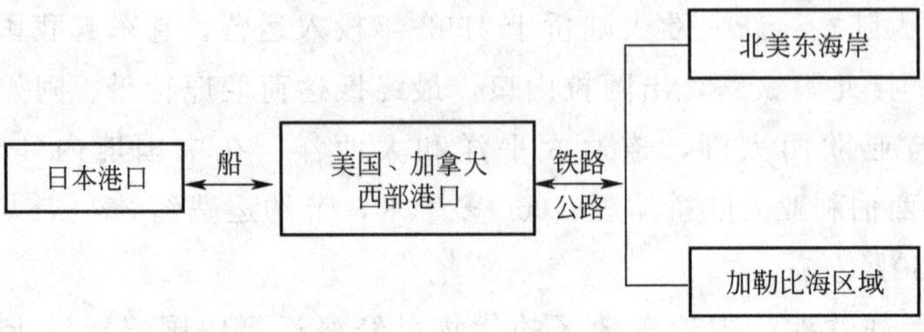

图 7—5　小陆桥运输

从运输组织方式上看，小陆桥运输与大陆桥运输并无大的区别，只是其运送的目的地为沿海港口。目前，北美小陆桥运输运送的主要是日本经北美太平洋沿岸到大西洋沿岸和墨西哥湾地区港口的集装箱货物。

2）微型陆桥运输。日本到美国内陆地区的货物在西海岸港口上陆后，直接由陆上运输运到美国内陆地区。这样就可免去收货人到港口去办理报关、提货等进口手续，方便了货主，这便是微型陆桥运输。微型陆桥运输与小陆桥运输基本相似，只是其交货地点在内陆地区，而不是在沿海港口。

3）半陆桥运输。从东南亚各国到西亚的货物可以利用东印度的加尔各答到西印度孟买的铁路为陆桥进行运输，这条集装箱海陆联运线可以节约绕道印度半岛的航程，由于其运输路线短，又是通过印度半岛的，所以称它为半陆桥运输。

3. 海空联运

与传统的海运方式相比，航空货运是新兴的货物运输方式，它具有快速、方便等十分明显的优势，并已经成为运输业新的经济增长点，但运输价格较高。海空联运结合了海运和空运的优点，充分利用了海运的经济性与空运的快捷性，正成为一种具有广泛发展潜力的新的多式联运形式。

开展海空联运的主要目的是削减在库费用和运输费用。在库存费用或时间成本方面，海空联运要大大低于单纯的海上运输。运输时间缩短必然导致在库时间缩短，并削减了在库费用。在运输费用方面，海空联运的优势也较为明显，例如据日本统计，海空联运与单纯的航空运输相比，在经由北美的线路可节约 1/3 的费用，而面向东南亚的线路节约幅度达到 1/2。

目前，国际海空联运线主要有三条，见表7—1。

表7—1 主要国际海空联运线

联运线	说明	主要中转地
远东—欧洲	最主要的一条线路	温哥华、西雅图、洛杉矶、香港、曼谷、旧金山、新加坡
远东—中南美洲	近年来，远东至中南美洲的海空联运发展较快，因为此处港口和内陆运输不稳定，所以对海空联运的需求很大	迈阿密、洛杉矶、温哥华
远东—中近东、非洲、澳洲	这是以香港、曼谷为中转地至中近东、非洲的运输服务，在特殊情况下，还有经马赛至非洲、经曼谷至印度、经香港至澳洲等联运线，但这些线路货运量较小	香港、曼谷

总的来讲，运输距离越远，采用海空联运的优势就越大，因为同完全采用海运方式相比，其运输时间短，同直接采用空运相比，其费率低。因此，从远东出发将欧洲、中南美洲和非洲作为海空联运的主要市场是合适的。

四、国际多式联运的实施条件

1. 必须具有多式联运合同及全程的多式联运单据

多式联运合同是由发货人及多式联运经营人协商订立、以书面形式明确双方的权利、义务的证明。

多式联运单据由联运经营人在接管货物时签发给发货人，它是证明多式联运经营人接管货物并负责按照合同条款交付货物的单据。按照发货人的选择，多式联运单据可以作成可转让的单据，也可以作成不可转让的单据。签发不可转让的多式联运单据时，应指明记名的收货人。

2. 发货人必须提供货物、交付运费

发货人向多式联运经营人提供货物，并准确无误地告之货物的种类、标志、件数、重量和数量。如果是危险货物，发货人在交付给多式联运经营人时，应告知对方货物

的危险特性，以及应采取的预防措施，同时按合同约定交付运费。

3. 经营人必须对国际多式联运负责

国际多式联运的经营人是国际多式联运的组织者和主要承担者，以事主身份从事这一业务。经营人依靠自己的经营网络和信息网络，以及本身的资信从事这一业务。经营人可以是货主、各运输方以外的第三者，或者是铁路、公路等运营方。

经营人不是发货人的代理人或代表，也不是参与多式联运的承运人的代理人或代表，他对整个联运期间负责。经营人接管货物后，不论货物在哪一个运输阶段发生灭失或损坏，经营人都要直接承担赔偿责任，不能借口已把全程的某一个运输阶段委托给其他运输分包人而不承担责任。

4. 必须使用一份全程多式联运单证

该单证应满足不同运输方式的需要，并按单一运费率计收全程运费。

5. 必须是至少两种不同运输方式的连续运输

国际多式联运必须至少包括两种不同运输方式的连续运输。

6. 必须是国际货物运输

这主要是涉及国际运输法规的适用问题。必须由一个国际多式联运经营人对货物运输的全程负责。该经营人不仅是订立多式联运合同的当事人，也是多式联运单证的签发人。当然，经营人履行多式联运合同所规定的运输责任时，可将全部或部分运输委托他人（分承运人）完成，并订立分合同，但分合同的承运人与托运人之间不存在任何合同关系。

第三节　国际铁路联运

在国际货物运输中，铁路运输是仅次于海洋运输的主要运输方式，海洋运输的进出口货物也大多是靠铁路运输进行货物的集中和分散的。

铁路运输有许多优点，一般不受气候条件的影响，可保障全年的正常运输，而且运量较大，速度较快，有高度的连续性，运转过程中可能遭受的风险也较小。办理铁路货运手续比海洋运输简单，而且发货人和收货人可以在就近的始发站（装运站）和目的站办理托运和提货手续。

国际铁路联运是指使用一份统一的国际联运票据，由铁路部门负责经过两国或两国以上的全程运送，并由一国铁路部门向另一国铁路部门移交货物，不需要发货人和收货人参加的货物运输组织方式。

一、国际铁路联运的特点

1. 涉及面广

国际铁路联运每运送一批货物都要涉及两个或两个以上国家，以及若干个边境站。

2. 运输条件高

国际铁路联运要求每批货物的运输条件如包装、转载、票据编制、添附文件及车辆使用都要符合有关国际联运的规章、规定。

3. 办理手续复杂

国际铁路联运涉及两个或两个以上国家，办理国际铁路联运手续时，其运输票据、货物、车辆及有关单证都必须符合有关规定和这些国家的正当要求。

4. 统一便捷

国际铁路联运只使用一份铁路联运票据就可以完成货物的跨国运输，运输责任方面采用统一责任制，仅使用铁路一种运输方式。

二、国际铁路联运的优势

国际铁路联运的优势见表 7—2。

表 7—2　　国际铁路联运的优势

优势	说明
手续简便，方便发货人（收货人）	发货人只需在发站办理一次性托运手续即可将货物运抵另一国的铁路到站
成本较低，运输连贯性强，运输风险小，不易受天气和季节变化影响等	采用国际铁路联运可以充分利用铁路运输的优势，也便于选择运输路径，从而缩短运输时间，减少运输费用

续表

优势	说明
可及早结汇	发货人利用国际联运办理完出口货物的托运手续后，即可凭车站承运后开具的有关联运凭证和其他商务单证办理结汇，而无须等货物到达目的地后再办理。这样既能保证发货人收取货款，又加快了资金的周转，便于国际贸易的开展，对贸易双方均有利
促进铁路沿线外向型经济及铁路运输企业的发展	国际铁路联运为铁路沿线的外向型经济和铁路运输企业的发展提供了有利条件

三、国际铁路联运出口货物运输

国际铁路联运出口货物运输组织流程如图 7—6 所示。

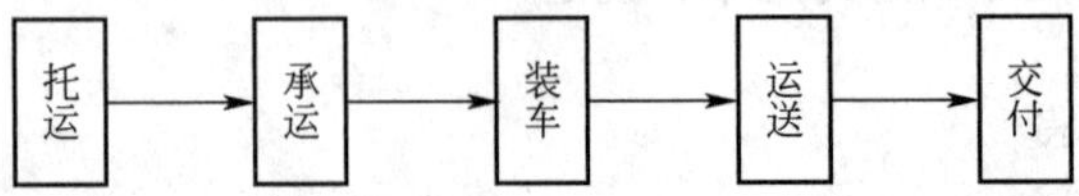

图 7—6 国际铁路联运出口货物运输组织流程

货物托运与承运的过程即为承运方（铁路部门）与托运方（发货人）缔结运输合同的过程。托运是发货人向铁路部门提出委托运输的行为，承运则是铁路部门接受发货人所提出的货物运输委托的行为。

发货人按车站指定日期将货物搬入车站或指定货位，车站根据运单的记载事项核实货物，确认符合国际联运的有关规定后即予以接收。在发货人付清一切应付费用后，车站在所提交的运单上加盖车站日期戳。运单在加盖车站日期戳后，即标志承托双方以运单为凭证的运输合同开始生效。

四、国际铁路联运下的进口货物运输

进口货物国际铁路联运均需办理报关、报验、铁路货物单证交接等手续。

1. 进口合同资料工作

合同资料是边境站核放货物的重要依据，也是向各有关部门报关、报验的凭证。各进出口企业在签订合同后，要及时将一份合同的中文抄本寄给货物进口口岸的分支机构。对于由外运企业分支机构接收的分拨小额订货，进出口企业必须在抄寄合同的同时，按合同内容填附货物分类表。合同资料包括合同的中文抄本和附件、补充书、协议书、变更申请书、变更书和有关确认函电等。

2. 进口货物的现场核放工作

进口货物的交接首先是票据的交接，对方将进口货物票据交我方交接后，我现场工作人员主动到中方铁路办公处索取我方企业所代理单位的进口货物票据，然后抄制进口货物明细单，查验合同附带有关进货材料是否齐全，接着按海关要求填报进口货物报关单，并连同合同及有关证明批件向海关申报。

3. 进口货物的交付

联运进口货物到达到站后，铁路部门向运单或随附的进口货物通知单所记载的实际收货人发出货物到达通知，通知收货人提取货物。收货人接到通知后，必须向车站领取货物并支付运送费用。在收货人付清一切应付运送费用后，铁路部门必须将货物连同运单一起交付收货人。

思考练习题

1. 简述国内水陆货物联运的概况。
2. 简述国际多式联运的形式、内容和特点。
3. 简述国际铁路联运的特点。
4. 什么是大陆桥运输？目前世界上主要有哪几条运输路线？它们各有何优缺点？
5. 目前，国际海空联运主要有哪几条路线？
6. 简述国际铁路联运出口和进口货物运输的程序。

第八章　物流运输信息管理系统

第一节　物流运输信息管理系统简介

一、信息管理系统

信息管理系统是指对数据进行采集、处理、存储、管理、检索和传递，必要时能向有关人员提供有用信息的系统，由信息管理者、信息源、信息处理器、信息用户和信息存储器组成，其关系图如图 8—1 所示。

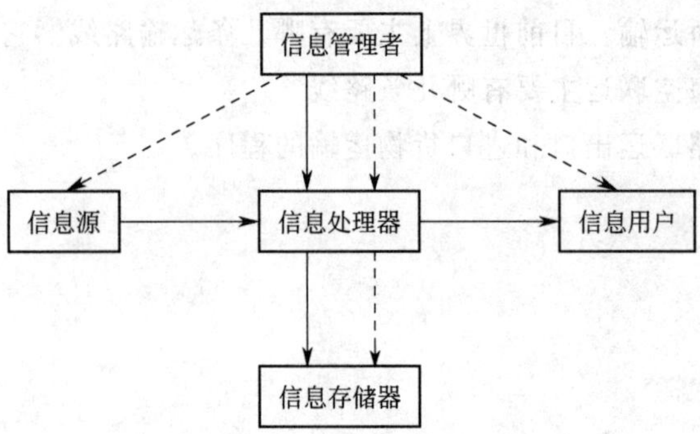

图 8—1　信息管理系统各要素的关系

信息管理系统也可以理解为一个以人为主导，利用计算机硬件、软件、网络通信设备和其他办公设备进行信息的收集、传输、加工、存储、更新和维护，以提高企业效益和效率为目的，支持企业高层决策、中层控制、基层运作的集成化人机系统。信息管理系统的结构如图 8—2 所示。

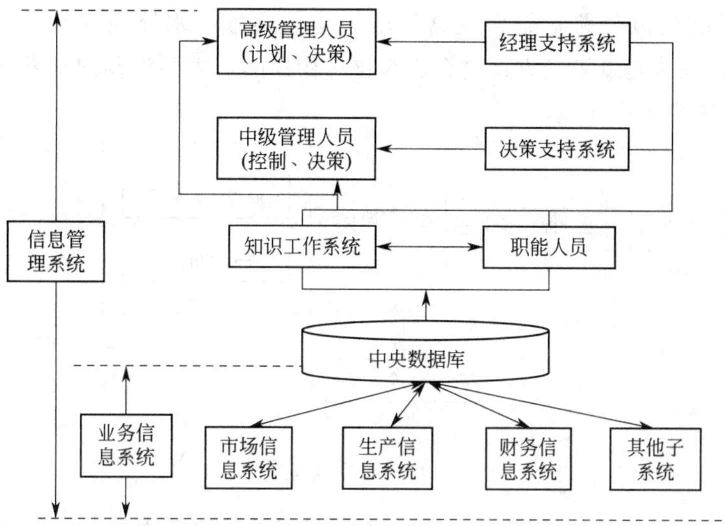

图 8—2　信息管理系统的结构

二、物流运输信息管理系统

物流运输信息管理系统适用于物流运输企业，它主要包括车辆管理、驾驶员管理、运输业务管理、运输计划管理、任务列表管理、运单回场管理、车辆货物跟踪、GPS/GSM 调度接口、监控中心管理、费用结算管理、查询与报表等模块，如图 8—3 所示。该系统可以对车辆、驾驶员、线路等进行全面、详细的统计和考核，能大大提高运作效率，降低运输成本，使企业在激烈的市场竞争中处于领先优势。

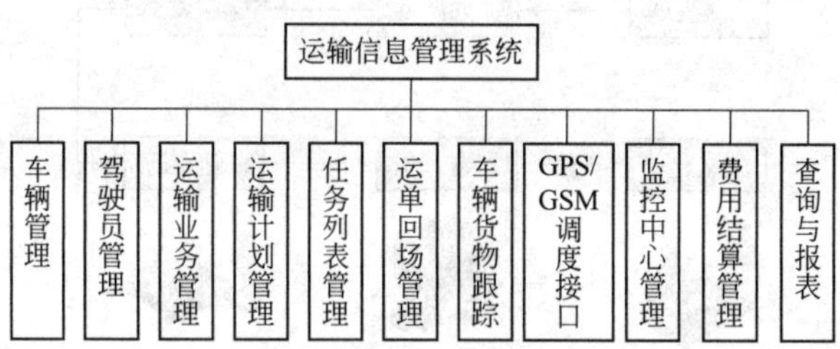

图 8—3　物流运输信息管理系统功能模块

第二节　物流运输信息管理系统应用

本节以北京络捷斯特科技发展有限公司研发的 Logis 运输管理系统为例，介绍物流运输信息管理系统的应用。该系统可以模拟门到门、站到站等多种运作方式的作业流程，同时也可以模拟公路运输、铁路运输、航空运输、水路运输等多种运输方式。Logis 运输管理系统是以第三方运输企业为核心构建的，主要涉及的子系统及子系统之间的业务关系如图 8—4 所示。

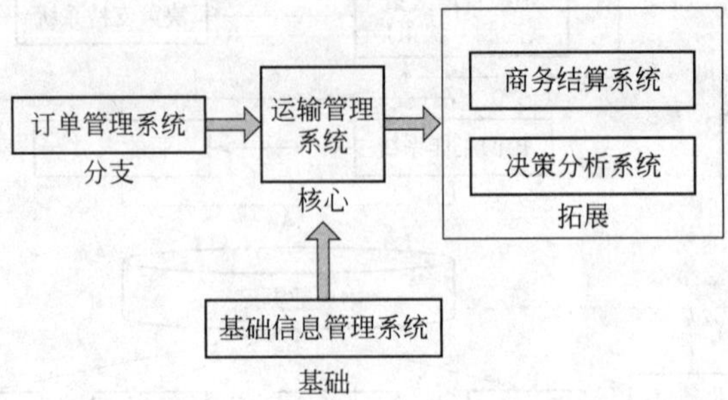

图 8—4　Logis 运输管理系统的子系统

基础信息管理系统是运输管理系统的基础，运输作业过程中需要填选的人员、车辆、路线、客户信息都需要提前在基础信息管理系统中进行设定。订单管理系统是运输作业任务的分支系统，运输管理系统是以订单任务为驱动的，订单管理系统的主要作用体现在运输订单的生成和运输计划的传递上。商务结算系统可以对运输费用进行设置、审核、结算处理；决策分析系统可以对运输作业任务进行统计分析，提供决策依据。

下面以公路零担运输为例，根据公路零担运输业务流程讲述物流运输信息管理系统的应用。公路零担运输业务基本流程如图 8—5 所示。

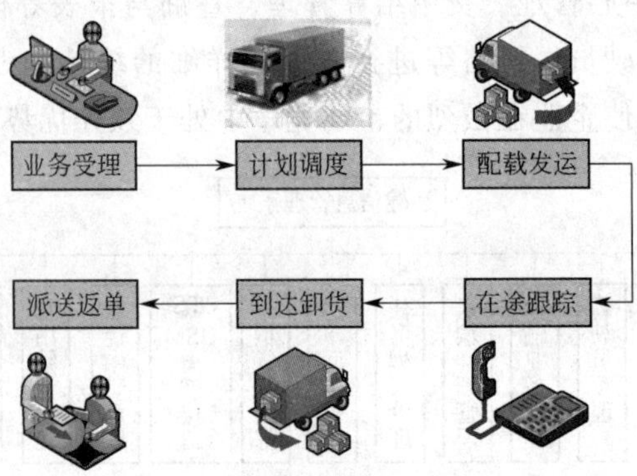

图 8—5　公路零担运输业务基本流程

一、业务受理

零担货物始发站负责承运的物流业务人员根据货物的性质和受运限制等业务规则，以及本企业营运范围内的线路、站点、到达站点的装卸能力和有关规定来承接托运零担货物，办理托运手续。货物承运后，完成具体信息的系统操作。

1. 订单录入

物流工作人员需要在订单管理系统中录入订单，为系统进行订单处理提供依据。订单管理系统如图 8—6 所示。

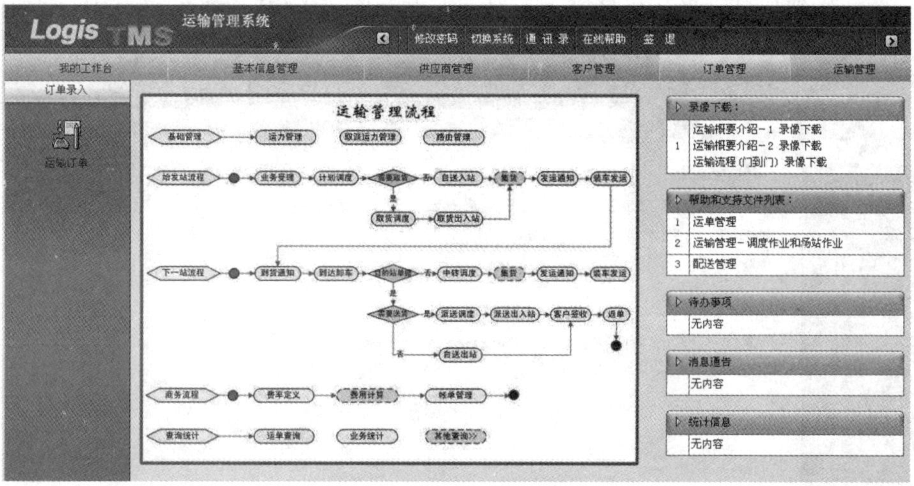

图 8—6　订单管理系统

在系统中增加一个新的运输订单，根据系统要求填写运输订单相关信息，添加运输订单信息内容。运输订单的填写如图 8—7 所示。

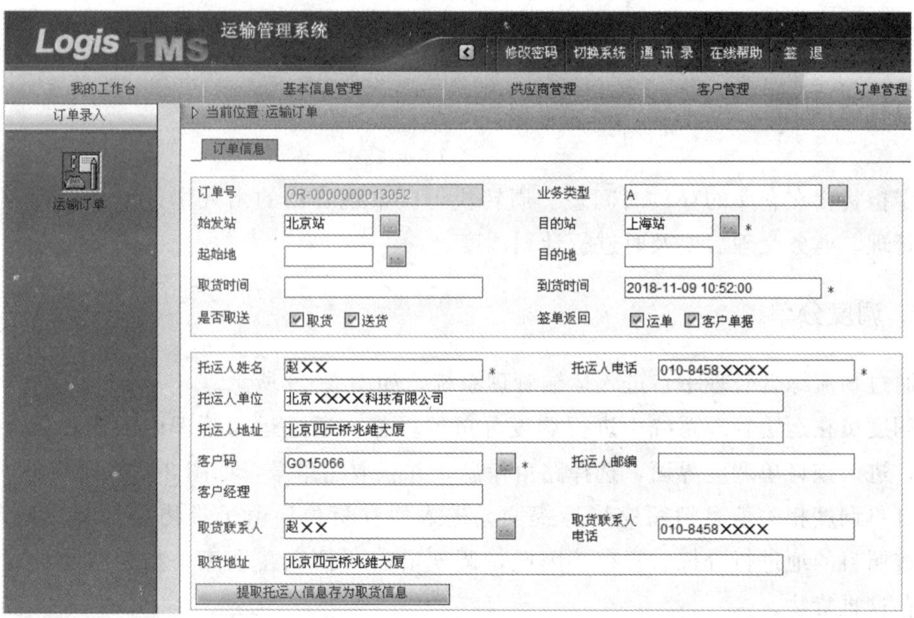

图 8—7　运输订单的填写

2. 生成作业计划

运输订单录入系统后，需要生成作业计划，方便系统进行运输调度。物流工作人员选择录入的订单条目，点击界面下方的“生成作业计划”，系统会自动弹出所添加的运输订单的详细信息，确认信息输入无误，点击“确认生成”，如图 8—8 所示。

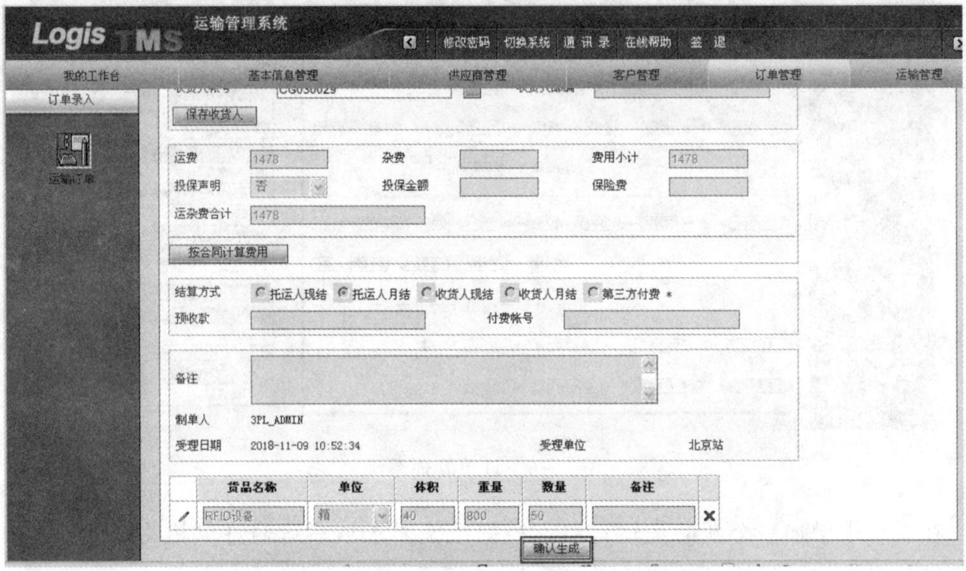

图 8—8　生成作业计划界面

二、计划调度

零担货物在仓库的存放时间短、周转快，应重视货物的出入库效率和库内存放货位的管理。业务受理后要及时进行计划调度。

1. 调度分单

通过物流综合管理平台进入运输管理系统，如图 8—9 所示。

调度员在运输管理系统中进行调度分单的操作。通过运输管理中的调度作业进行分单，进入该订单调度界面，选择路由信息，并获取运单号，如图 8—10 所示。

订单调度相关信息填写完毕后提交，进入暂存货位。由于货物是从客户处取来，需要按照目的地进行分拣、暂存。因此，调度员需要预先在仓库中指定一个储位，用来暂存这批货物。

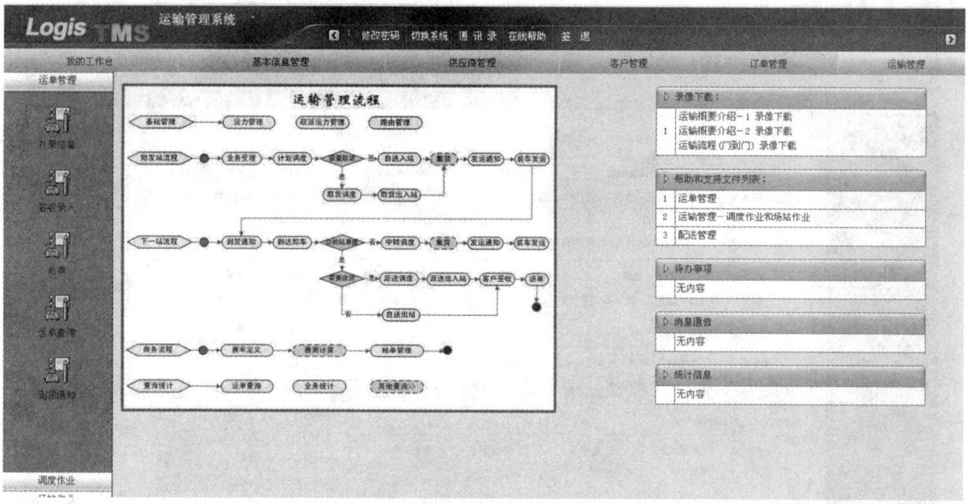

图 8—9　运输管理系统首页

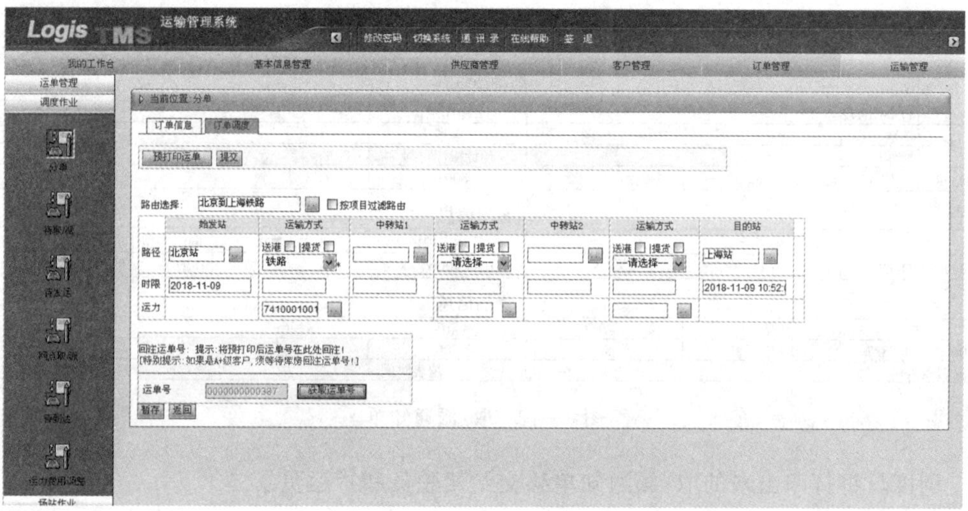

图 8—10　订单调度界面

2. 取/派调度

调度员在确定了干线运输的调度任务后，根据客户的要求，还需要安排运力进行待取/派的调度作业。在运输管理系统中的调度作业子系统进行待取/派操作，进入待取/派订单列表，选择需要进行取/派的订单，调度员应确定目前在场站中有哪些空闲的运力，以及安排哪个驾驶员、货运员和车辆一同到客户处取/送货，如图8—11 所示。

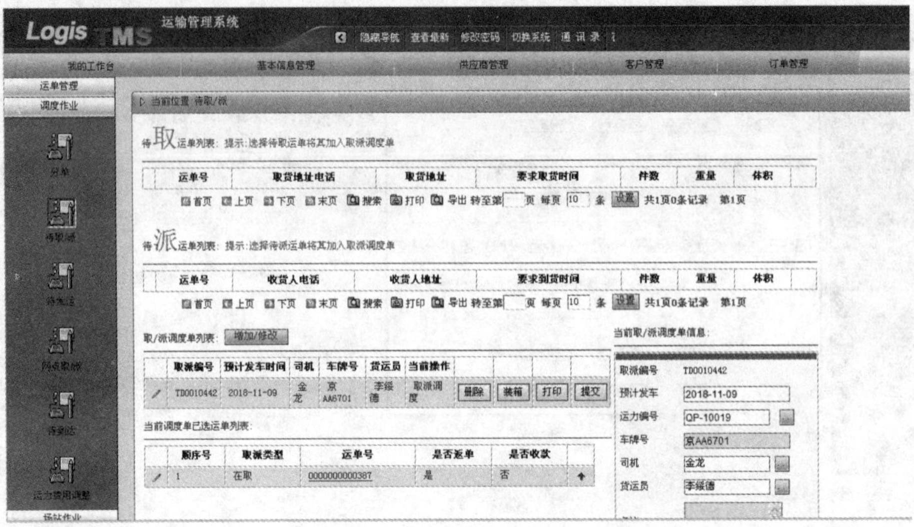

图 8—11 当前调度单列表

调度员操作完成后，打印当前的取/派通知单，如图 8—12 所示。

取/派通知单

单号	TD0010442			操作站			
资源	车辆		辆	车型			
	操作员		人	预计操作时间			小时
总数量		50.0件	总重量	800.0kg	总体积		40.0m^3

客户信息

运单号	顺序号	托运人地址	托运人地话	托运人姓名	取派类型	是否返单	是否收款
0000000000387	1	北京××××××××	010-8458××××	×××	在取	是	否

货品信息

运单号	货品名称	件数(件)	重量(kg)	体积(m^3)	备注		
0000000000387	RFID设备	50	800	40			
填表人:			填表时间:		年	月	日

图 8—12 取/派通知单

调度员将打印出来的取/派通知单移交给驾驶员和货运员。

三、配载发运

按车辆容载量和货物的形状、性质进行合理配载。配载发运过程按照出站取货、取货进站、入站集货和发运出站的过程进行物流运输信息管理系统操作。

1. 出站取货

（1）标签打印

场站操作员接到调度员发送过来的取货出站信息后，先将取货品的标签打印出来，移交给驾驶员和货运员。标签打印时，可以直接在系统中操作，进入“运输管理”菜单下的“场站作业”进行标签打印，如图 8—13 所示。

图 8—13　标签打印界面

选择所有需要打印的标签，待所有标签打印完毕后，移交给驾驶员、货运员即可。

(2) 空车出站

驾驶员、货运员接到调度员的取货通知后，拿着取货通知单到场站处提取打印好的货品标签和称量工具。场站人员会根据调度信息，核对驾驶员、货运员的身份信息，确认无误后，将货签、RFID 运力卡交给驾驶员，并通知门卫放行。此时，场站操作员还需要利用运输系统对车辆出站取货的情况进行记录，因此需要出站扫描操作。

在运输管理系统中，选择“场站作业”中“取/派操作”，选择“待操作的取/派订单”后点击“场站扫描”，进入“出站”界面，如图 8—14 所示。

点击“直接出站”即完成空车出站取货操作。场站操作员将站点监控系统打开，监控取货车辆的作业情况。

(3) 地图监控

此时打开地图，会显示出优化后的取货路线，地图中红色的路线表示系统优化后的最优取货路线，驾驶员只需按照这条路线进行取货作业任务即可。驾驶员取到货签和 RFID 运力卡后，在驾车出站前，需要在门卫处的 RFID 读写设备上进行扫描，证明已经驾车出站取货。此时，场站操作员会在监控窗口看到车辆出站扫描的信息。

图 8—14　出站扫描操作界面

2. 取货进站

(1) 取货称重、贴签

驾驶员到达客户处，首先根据打印好的运单清点待取货物数量、品类信息，再用携带的称量工具检查货物的实际重量、体积是否与运单中相符。如果货物信息核对无疑，则正常取货，将货签粘贴在货物外表面易于扫描的位置；若货物实际重量、体积信息与运单中数量不符，则需在运单中进行备注、修改，返回场站后提交给场站操作员，由场站操作员对订单进行补录。

图 8—15　进站扫描操作界面

(2) 进站操作

当车辆返回场站时，驾驶员先下车扫描 RFID 运力卡，证明已取货回站。此时，场站人员的监控设备上会显示相应信息，如图 8—15 所示，证明车辆已经进站，场站操作员会准备卸货、验收、集货分拣作业。驾驶员将货物从车中卸下，并将取货通知单、运单提交给场站操作员。场站操作员收到单据后，清点入站货物数量，并检查订单是否有修改。如果需要修改货物属性信息，则场站人员需进行信息补录操作；如果不需要修改，则直接卸货进站。

3. 入站集货

(1) 取货入站

场站操作员接到取回待发的货物后，需要在运输系统中进行入站扫描，主要是将卸货接收的情况录入系统中。在运输管理系统中选择“场站作业”中的“取派操作”，可以看到车辆入站扫描信息，勾选该条记录，点击“场站扫描”进入到入站扫描界面，如图 8—16 所示，进行系统中的收货确认。确认收货后，取货地图上的取货路线由红色变为绿色，车辆位置由集货点移动到客户点，核对信息，确认无误后，直接进站即可。

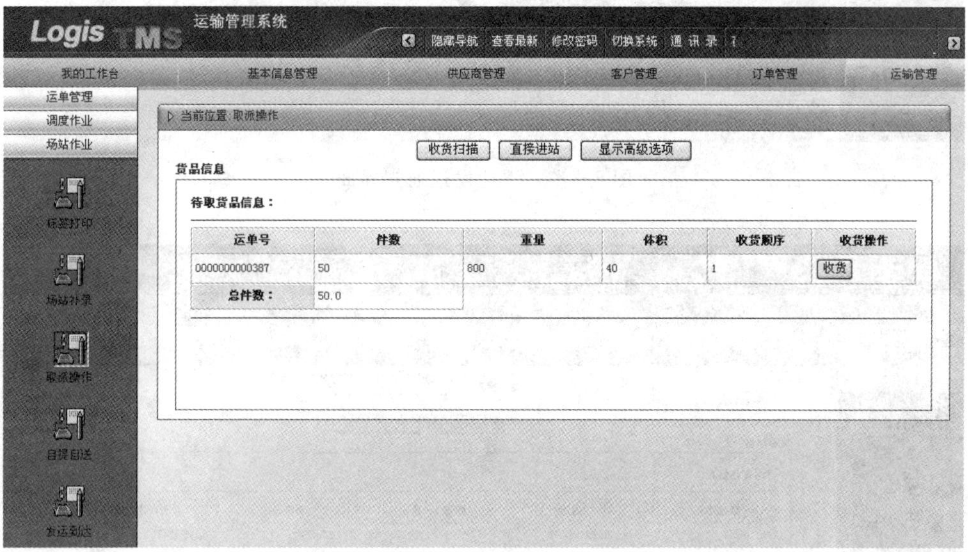

图 8—16　入站扫描界面

(2) 入站集货、堆码

货物进入到场站后，场站操作员需要将货物分拣至调度员指定的集货储位暂存，待班车到达场站后装车发运。

4. 发运出站

(1) 发运指令

调度员接到场站发送过来的入站集货的消息后，会根据客户要求的发货时间，安排班车进站装货，准备发运。具体操作时，在运输管理系统的“调度作业”中点击“待发运”，进入到下达发运通知界面，如图 8—17 所示。

直接点击“通知”，就可以将该条发运信息发送给场站操作员和驾驶员。

(2) 装箱发运

场站操作员接到发运通知后，进行出站扫描操作，并通过运输管理系统传递给目的站的调度员。在运输管理系统“场站作业”的“发运到站”点击“出站扫描”，进入到扫描确认界面，如图 8—18 所示。

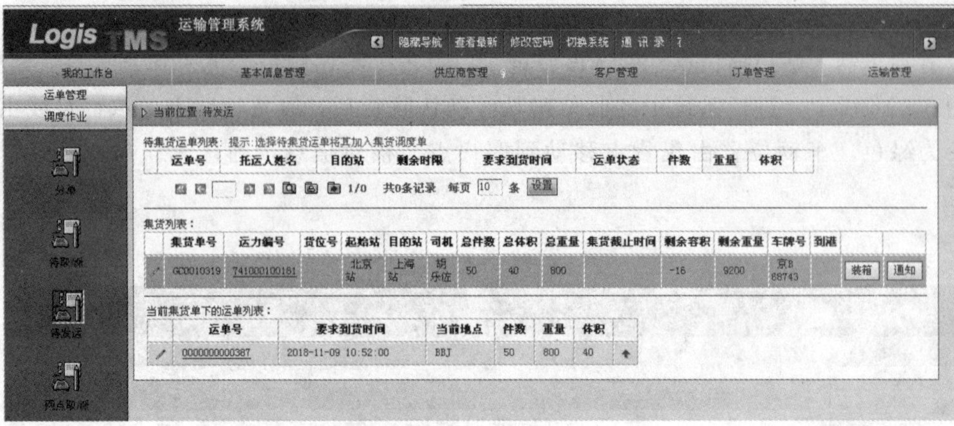

图 8—17 下达发运通知界面

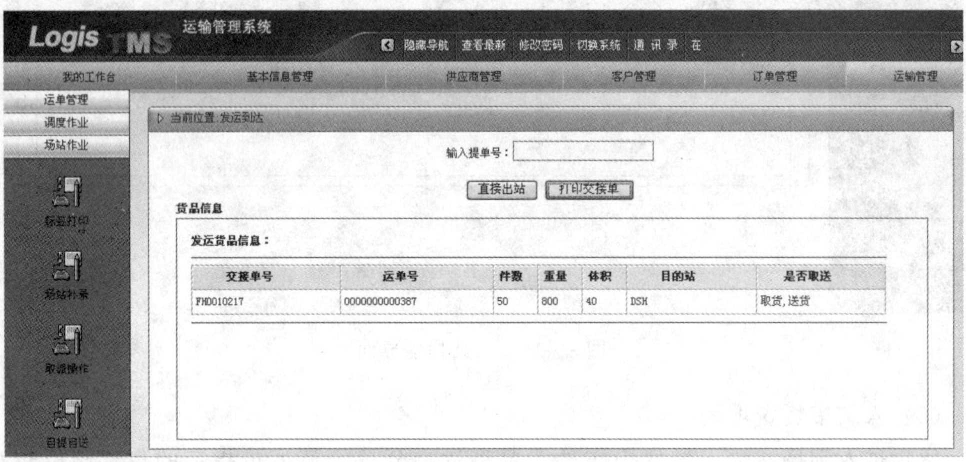

图 8—18 扫描确认界面

场站人员先点击“打印交接单”，打印货物运输交接单，如图 8—19 所示。

货物运输交接单　　　　NO: FH

始发站	BBJ	车牌号	京B ×××××	核载(吨)	8	发车时间			
目的站	DSH	车辆性质	5	车容(m^3)	40	预达时间			
序号	运单号	客户名称	包装	货物名称	件数(件)	体积(m^3)	重量(kg)	备注	
	000000000387		02	RFID设备	50	40	800		
		合计			50.0	40.0	800.0		
发站记事	施封：封		随车设备			发站调度	发货人	司机	到站调度
	施封：封锁		到达时间	年　月　日　时					
到站记事	收货及货损描述							×××	

制单人：　　　　制单时间：

图 8—19 货物运输交接单

场站操作员填写好制单人、制单时间的信息后，将货物运输交接单移交给驾驶员，返回到“出站扫描”的确认界面，点击“直接出站”即表明车辆已经备货完毕，发运出站。驾驶员接到发运通知后，提车到场站装车。货物装车完毕后，在驾驶员、货运员的监督下，场站操作员需要对车辆进行铅封。

四、在途跟踪

打开地图，选择全国公路地图。随着传送带的运转，当货物将所有的中途站都扫描完毕后，即到达了目的站。此时监控地图会自动连接起点到该站点的路线，证明车辆已经到达该站点。

五、到达卸货

车辆到站后，到达站仓库负责人员应首先查验货物车载外围状况，无异常方可卸货，如有异常情况，应及时向承运驾驶员问明情况，并依据规定进行相应处理。

1. 到达通知

当货物发送到达目的站后，目的站的调度员接到货物到达通知后登录到运输管理系统中，将到货信息传递给场站操作员。运输管理系统中，在“调度作业”下选择“待到达”，进入待到达通知界面，如图 8—20 所示。直接点击“到货”，系统会将到货通知提交给场站操作员。

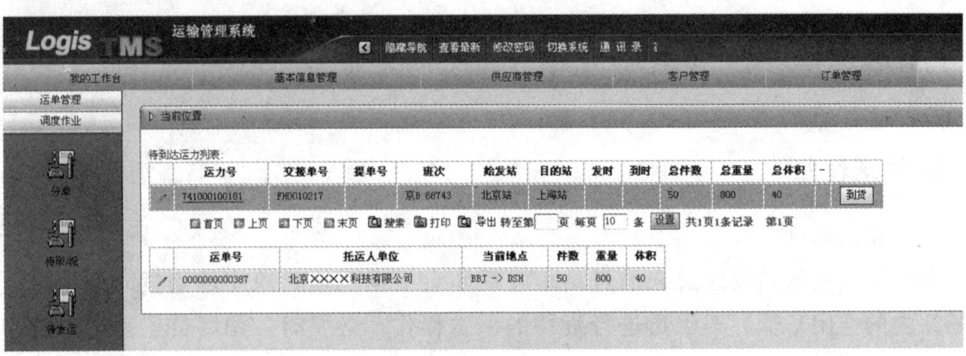

图 8—20 待到达通知界面

2. 进站卸货

目的站场站操作员接到目的站调度员发送的到货通知后，会根据通知中的到货数量进行作业安排。待班车到达，场站操作员将发运到达的货物进站信息录入到运输管理系统中。

在“场站作业”模块下，选择“发运到达”，进入到进站扫描操作界面，选择待处理的订单信息，点击“场站扫描”，进入到进站扫描确认界面，如图 8—21 所示。

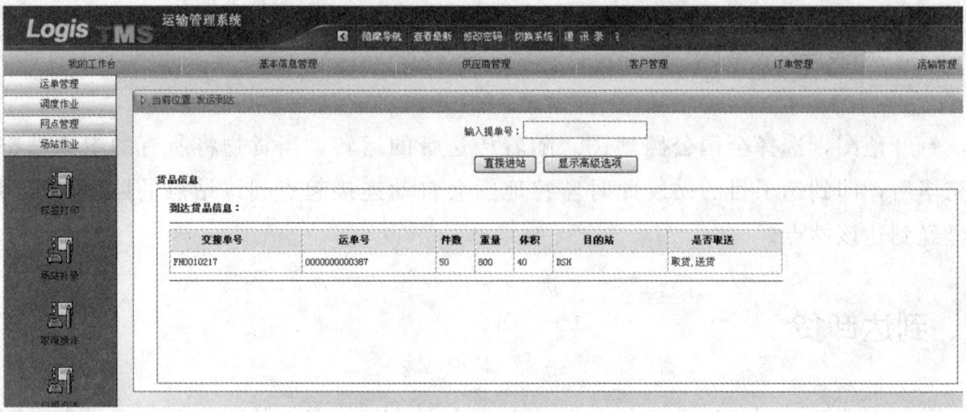

图 8—21　进站扫描确认界面

核对进站信息与实际进站货物数量、品类、重量、体积、运单号码一致后，点击“直接进站”，即可完成进站信息系统录入。

3. 配送分拣

场站作业人员需要将运达的货物进行入库分拣，放置到暂存区域。待货物都分拣完毕后，将各笼车放置到指定的储位上，等待调度员的派送指令。

六、派送返单

1. 派送作业

（1）派送调度

调度员接到场站发送过来的进站信息后，会根据运输订单中的到货时间要求，安排场站内的空闲车辆、驾驶员进行货物的派送操作。必要时，调度员还需要对派送路线进行规划，并将派送作业计划传递给驾驶员。

调度员在运输管理系统“调度作业”的“待取/派”中进行取/派作业的调度操作，添加一个派送运力的信息，点选右下角的“预计发车时间”和“运力编号”等信息，填写好上述派送调度信息，将待派送订单与派送调度单建立关联，如图 8—22 所示。

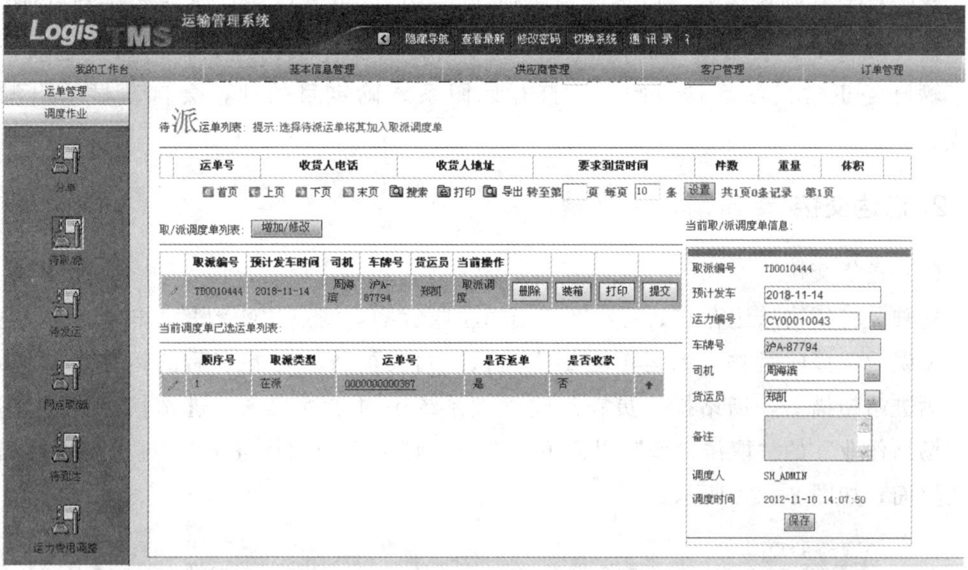

图 8—22　派送调度

调度员打印派送通知单再提交，系统会将该条调度信息发送到场站，交由场站人员进行后续的派送操作。同时，调度员将打印出来的派送通知单移交给驾驶员。

(2) 派送出站

场站操作员接到调度员发送过来的派送调度信息，将需要派送的货物搬运至出货口。驾驶员拿着派送通知单提车后，将车辆开至出货月台。

驾驶员、货运员清点待派送货品，确认无误后，场站操作员将货物搬运至派送车辆上。在货物装载到车辆上后，场站操作员会将出站派送的信息反馈到系统中。在场站作业取派操作中进行出站扫描，选择待派订单，点击“场站扫描”，进入扫描确认界面，如图 8—23 所示。点击“直接出站”完成车辆出站的信息录入。

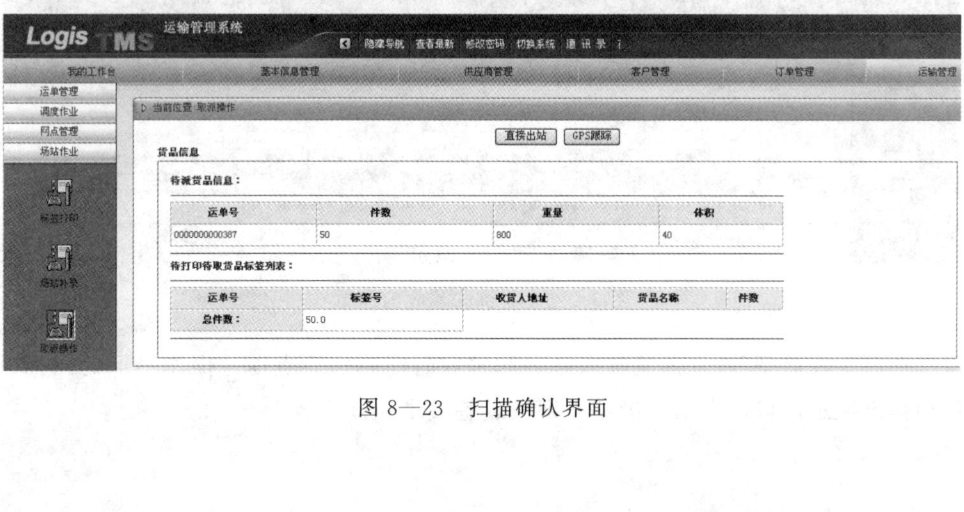

图 8—23　扫描确认界面

驾驶员驾车驶离场站，出场站前需要进行 RFID 出站监控，将运力卡放在 RFID 场站监控设备上，场站操作员在监控系统中可以看到车辆出站扫描的监控记录，证明车辆已经正常出站派送。此时，打开地图系统确定目的地，会自动显示出派送路线。

2. 送达交接

（1）送货交接

驾驶员将货物送达客户处后，客户当场验收货物，清点货物数量，核查货物品类，确认无误后，接收货物，在运单上签字确认。驾驶员将客户签字后的运单带回场站。在车辆进站扫描后，场站操作员在运输管理系统中对送货归来的进站信息进行录入。在“场站作业”的“取派操作”界面下，选择“订单提交扫描进站”，进入到进站扫描确认界面，如图 8—24 所示。

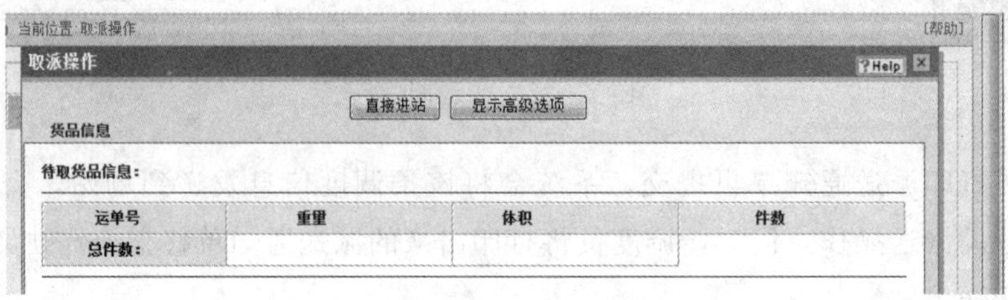

图 8—24　进站扫描确认界面

（2）客户签收

驾驶员将客户签收的订单带回到场站后，场站作业人员将订单移交给客户服务人员，由客户服务人员进行系统录入，点击运输管理系统的“运单管理”中的“签收录入”，查询未签收的运单，如图 8—25 所示。

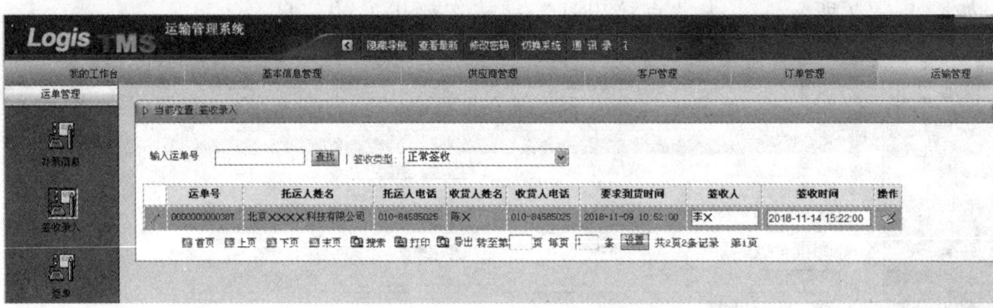

图 8—25　查询未签收的运单

选择“签收类型”，录入签收人姓名和签收时间，然后点击“操作”下的图标，系统自动弹出提示窗口，点击“确定”即完成签收录入操作。

(3) 返单操作

客户签单操作完成后，还需要进行返单操作。返单操作就是将运单的具体信息再反馈给客户。在这个操作中，首先目的站要将单据信息传递给始发站客户服务人员，始发站客户服务人员对返单进行系统录入后，再将信息反馈给客户。

点击运输管理系统的“运单管理”中的“返单”，返单处理列表中显示已签收未返单的单据，填写返单人姓名和返单时间，点击“操作”下的图标，系统自动弹出关于确认执行运单待发回的提示窗口，如图 8—26 所示，点击“确定”即完成目的站的返单操作。点击后，系统会提示“目的站已发回”，说明返单操作成功。

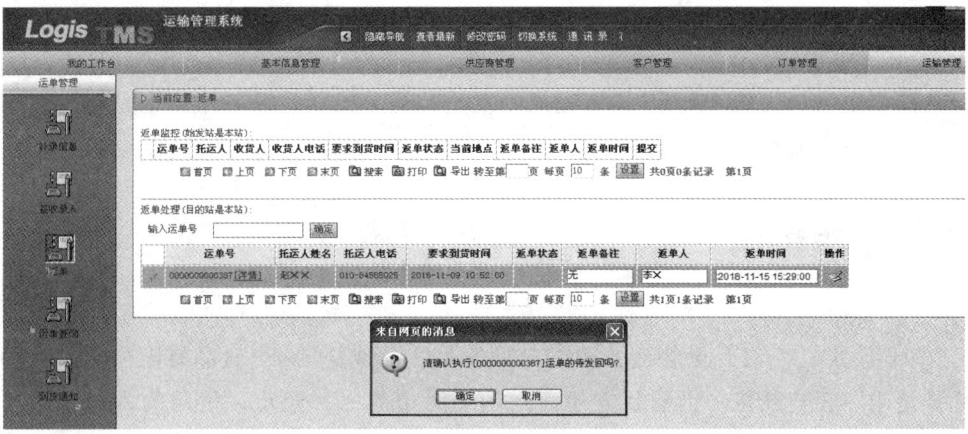

图 8—26　返单操作界面

进入始发站的运输管理系统，点击“运单管理”中的“返单”，返单监控列表下显示待处理的运单，如图 8—27 所示。

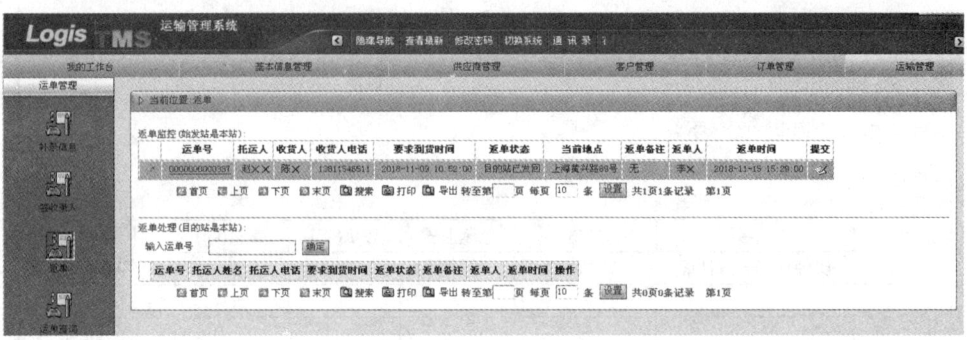

图 8—27　待处理的运单

点击“提交”下的图标，系统自动弹出关于确认执行运单签收收回的提示窗口，点击提示窗口内的“确定”，然后再次点击“提交”下的图标，系统自动弹出关于确认执行运单签收完成的提示窗口，如图 8—28 所示。

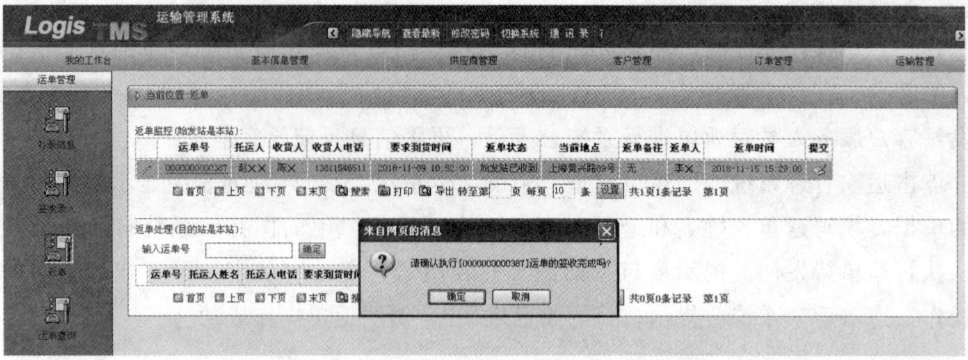

图 8—28 关于确认执行运单签收完成的提示窗口

点击提示窗口内的“确定”，即完成始发站的返单操作。返单操作也是整个运输过程中的最后一个流程。

技能训练

2018 年 9 月 27 日，某物流公司客户服务人员收到客户××食品有限公司发来的运输任务请求。客户须将一批桶装方便面运到上海市的××超市，货品的外包装箱尺寸为 40 cm×32 cm×15 cm，包装规格为 1×50 箱×1 380 g/箱，无特殊要求。送货单如图 8—29 所示。

××食品有限公司

送 货 单

编号：KSFSHD412　　日期：2018年9月27日

收货单位：上海市××超市

收货地址：上海市××区××号

收货人：××

电话：×××××××××××

传真：021-××××××××

序号	货品名称	规格	包装形式	数量(箱)	重量(kg)	体积(m^3)
1	康师傅桶装方便面	20桶/箱	纸箱	50	69	0.96
合计		-	-	50	69	0.96

制单人：××　　送货人：　　收货人：

图 8—29 送货单

根据所给信息，完成物流运输信息管理系统操作。

思考练习题

1. 物流运输信息管理系统功能模块有哪些？
2. 请画出零担运输业务基本流程图。
3. 简述公路零担运输信息管理系统操作步骤。